Inhalt

Sabine Nölke

Wanda – immer eine Nasenlänge voraus

Tagebuch einer Deerhound-Dame

Herstellung und Verlag: Books on Demand GmbH, Norderstedt

ISBN 978-3-839-14480-0

Vorwort

Mein Name ist Wanda, also eigentlich hieß ich Brennia Paluduz, aber mein Frauchen fand den Namen Wanda passend. Ich habe mich schnell an den neuen Namen gewöhnt. Wenn sie mich ruft, bekomme ich ja auch immer ein Leckerchen, da kann sie mich nennen, wie sie will. In meinen Tagebüchern könnt ihr von meinen Erlebnissen und Abenteuern lesen.

Das erste habe ich geschrieben, als ich in mein neues Zuhause kam, das war vielleicht aufregend. Auch meine ersten drei Urlaubsreisen waren nicht langweilig und darum habe ich auch diese für euch verewigt. Nun könnt ihr alle an meinem schönen aufregenden Leben teilhaben. Ich wünsche euch viel Spaß beim Lesen.

Doch zuvor möchte ich euch noch etwas über uns Deerhounds erzählen. Nicht jeder kennt uns, wir werden immer wieder mit den Irish Wolfhounds verwechselt, denen wir ja auch ein wenig ähneln und mit denen wir verwandt sind. Wir sind Windhunde und weil wir aus Schottland stammen, haben wir ein wärmendes Fell. Das ist grau, bis zu 10 Zentimeter lang und fühlt sich rau an, und an der Brust und den Pfotenspitzen findet sich meistens ein bisschen weißes Fell. Wir sind groß, die Damen messen mindestens 72 Zentimeter, die Rüden 76 Zentimeter von der Schulter bis zum Boden, ich selbst fast 80 Zentimeter. Einige Menschen erschrecken einfach angesichts unserer Größe und bezweifeln, dass wir überhaupt Hunde sind.

Wissenswertes über den Deerhound

Wir, die Deerhounds, entstammen einer uralten Hunderasse. Es geht sogar das Gerücht um, dass wir die direkten Erben des Wolfs sind. So ungefähr wie der Mensch der Nachfahre des Affen ist, eben eine Art optimiertes Modell, obschon ich da beim Menschen meine Zweifel habe.

Die Schotten haben unsere Fähigkeiten erkannt und uns in ihre Behausungen geholt. Dafür haben wir Hirsche für sie gejagt und getötet, eine Hand wäscht die andere. In ihren Schlössern, Burgen und Landsitzen – wir lebten damals nur bei Adeligen – wurden wir gut behandelt. Die Jagdhundmeute musste draußen schlafen. Wir hatten unseren Platz am Kamin.

Woher ich das alles weiß? Meine Mutter hat es mir erzählt. In den ersten Wochen erzählen die Mütter ihren Kindern alles, was es zu wissen gibt. Das hat sich im Hunderten von Jahren nie verändert. Sie erklären ihnen, dass sie bald zu den Zweibeinern kommen und geben ihnen genaue Anweisungen, was bei diesen Lebewesen zu beachten ist. So sind wir eigentlich schon ganz gut auf alles vorbereitet, was auf uns zukommt. Trotzdem läuft es nicht immer alles glatt, denn die Zweibeiner sind meistens nicht gebührend auf uns vorbereitet. Missverständnisse sind vorprogrammiert und häufig stimmen schon die Voraussetzungen gar nicht. Einige Menschen finden uns „toll" und „süß" und wundern sich über unser Bedürfnis frei zu laufen und über den Platz, den wir einnehmen, wenn wir ausgewachsen sind.

Viele Vier- und Zweibeiner haben panische Angst vor uns, auch wenn wir ihnen niemals etwas tun würden. Da braucht ein Frauchen oder Herrchen schon manchmal starke Nerven, vor allem wenn wir noch jung sind und alle Menschen und Tiere so interessant finden. Es kann vorkommen, dass wir kleinen Kindern die Ohren ablecken, ihnen Eis oder Bonbons stibitzen, uns in wildem Spiel auf einen kleinen Dackel stürzen und ihn und sein Frauchen oder Herrchen in blanke Panik versetzen. Für uns ist dieses Verhalten normal, aber die Menschen sind da eben anders.

Vollkommen in Ordnung ist auch, dass wir als Welpen unser Scheren- oder Zangengebiss an verschiedenen Dingen ausprobieren – wenn gerade ein Sicherheitsgurt oder eine Hundeleine da liegen, wir sind nicht wählerisch. Auch heben wir in jungen Jahren gern Gegenstände vom Boden auf und einige davon verzehren wir dann, sehr zum Unwillen unserer Zweibeiner. Mein Frauchen nennt mich Staubsauger, aber das gehört eben zum Jungsein. Die Menschen sind ja auch nicht besser – aber das würde hier an dieser Stelle zu weit führen, wenn ich mich über diese Spezies ausließe.

Nicht jeder Deerhound hat das Glück bei Adligen in einem Schloss zu landen, mit einem riesigen Gelände und Jagdmöglichkeiten. Meine Mutter hat mir erklärt, dass es auch nicht schlecht sei, in einem Haus mit Garten zu wohnen, wenn die Zweibeiner mich zu Spaziergängen mitnähmen. Lange allein sein mag kein Deerhound, das möchte ich hier mal betonen. Drei oder vier Stunden am Tag – mehr auf keinen Fall. Zwinger? Vergesst es ganz schnell, denn wir brauchen unbedingt Familienanschluss. Holt euch lieber Fische, wenn ihr nicht genug Zeit habt. Apropos

Zeit, ja, wir brauchen mindestens zwei Stunden Auslauf am Tag, wenn wir groß sind, das ist so ungefähr mit zwei Jahren der Fall. Wir sind sehr groß – also brauchen wir auch Platz. Eine kleine Wohnung teilen wir nur mit euch wenn ihr uns ganz viel Auslauf und Beschäftigung bietet und natürlich einen Platz auf der Couch und im Bett – obschon ein warmes überheiztes Schlafzimmer oder ein warmes Oberbett nichts für einen Deerhound sind. Wir mögen es lieber kühl. Darum schätzen wir auch keine Aufenthalte in heißen Urlaubsländern, sondern ziehen ein gemäßigtes, kühles Klima vor, wie es im Schottischen Hochland herrscht.

Wir bellen fast nie. Einige Zweibeiner schätzen das an uns. Allerdings geben wir auch keinen Ton von uns, wenn ein Einbrecher im Haus ist, wir bemerken ihn schon und natürlich gehen wir auf jeden Besucher abwartend zu. Die meisten Diebe ereilt darauf schlicht ein Schock und sie verlassen höchst eilig das Haus. Doch wir sind keine Wachhunde, wir sind selbständige Jäger, das sollten die Menschen sich ein für alle Mal merken. Das heißt nicht, dass wir unser Rudel nicht beschützen oder gar feige sind. Im Gegenteil, der Deerhound ist mutig und weicht niemals einer Gefahr aus, so habe ich es zumindest in einem sehr schön bebilderten Buch über uns gelesen. Ich stimme den Ausführungen des Verfassers jener Zeilen zu, die meisten von uns sind mutig.

Es heißt, wir seien mäkelige Fresser. Dabei wissen wir genau was uns schmeckt, und wir mäkeln nur, wenn wir das falsche Essen vorgesetzt bekommen. Zartes Wildragout mit einer feinen dunklen Sauce und danach ein wenig Frischkäse mit Obst – ich möchte den Deerhound sehen, der da zögert. Also liegt das Problem auch hier wieder beim Zweibeiner.

Abschließend noch einige Worte zur Gesundheit und Lebenserwartung. Ich kenne einige Deers, die 11, 12 oder 13 Jahre alt geworden sind, bevor sie über die Regenbogenbrücke gingen. Wichtig ist, dass wir in der Jugend nicht zu viel bewegt werden und das Richtige zu fressen bekommen. Wenn wir dann noch einen guten Tierarzt haben, dann sind das die besten Voraussetzungen für ein langes Deerhoundleben.

Meine Ankunft im neuen Zuhause

23. August bis 3. Oktober 2003

Samstag, 23. August

Es war ein merkwürdiger Tag. Zuerst stand ich ganz allein auf einer riesigen Wiese, ohne mein Rudel und wusste nicht so recht, was das bedeuten sollte. Die Esel nebenan haben ihre großen Ohren aufgestellt, die Köpfe zusammengesteckt und getuschelt. Ich bin mir sicher, sie haben alles gewusst. Es waren schon immer die Esel, die alles zuerst wissen. Das werde ich ihnen nachtragen, dass sie geschwiegen haben. Sie hatten gar keinen Grund mich zu schneiden, denn ich war eine der wenigen, die nie an ihren Schwänzen geknabbert hat. Meine Freunde und mein Vater? Die waren ahnungslos – glaube ich – denn sie hätten es mir doch gewiss gesagt!? Die Welt ist undankbar!

Gegen Mittag kamen zwei Autos angefahren und ich bin direkt zu den Zweibeinern gelaufen, die ausstiegen. Die haben mich gestreichelt und an ihren Händen lecken lassen – sehr gut erzogen. Das kann man nicht von allen Menschen behaupten. Einige haben überhaupt keine Manieren, halten uns fest, ziehen uns hoch oder erdrücken uns fast. So einen groben Fehler würde selbst ein Welpe nicht machen. Na ja, Hunde, besonders solche wie wir, sind schon in einigen Dingen den Zweibeinern überlegen. Die, die mich streichelten waren in Ordnung, das merkte ich gleich, da habe ich einen sicheren Instinkt. Sie hatten auch noch einen anderen Hund dabei – schon etwas älter und auch eine Dame. Die hatte zumindest gute Manieren, blieb im

Auto sitzen und betrachtete mich aus der Ferne. Zuerst hatte ich wieder einmal gehofft, es sei meine Mama, sie hatte so wunderschönes graues weiches Fell und es war ganz warm, wenn wir uns aneinander gekuschelt haben. Ob sie wohl immer noch in Tschechien war? Mich haben sie ja einfach dort weggeholt. Das war eine Unverschämtheit, aber ich muss sagen, ich kam in eine Umgebung, die mir auch sehr gefiel. Und doch hätte ich gern gewusst, was aus meinen Schwestern, Brüdern und der guten Mama geworden ist. Wie auch immer, auf jeden Fall sind die mit den zwei Beinen dann alle verschwunden. Die Welt ist rätselhaft!

Es dauerte ewig, bis die wieder zurückkamen, mein Winseln haben sie glatt ignoriert. Gerade als ich dachte, es käme nie wieder jemand zu mir, tauchten sie auf. Sie haben gelacht und hatten ein langes schwarzes Seil in der Hand. Dann ging alles ganz schnell. Ich wurde von der Wiese geholt, man legte ein schwarzes Ding um meinen Hals und befestigte noch das schwarze Seil daran. Merkwürdig fühlte sich das an. Das Band um meinen Hals war viel zu groß, es roch noch neu. Die Zweibeiner hatten es wohl gekauft und sich in der Größe vergriffen. Was dachten die denn wen sie vor sich haben? Einen dieser dickhalsigen Hunde? Ich will hier keine Namen nennen, das versteht sich von selbst. Ich wurde in das große Auto gehoben, auf den Rücksitz, obschon ich auch gern hinten gesessen hätte, aber die Menschen dachten wohl, ich hätte sonst zuviel Angst. Dabei bin ich doch das Autofahren längst gewöhnt. Zumindest wenn der Fahrer sein Handwerk versteht, mir wird nicht einmal schlecht.

So quetschte ich mich also auf den Rücksitz und tat so, als würde mir das gefallen. Ein wenig mulmig war mir schon, denn ich wusste, alle von uns, die in ein solches fremdes Auto gestiegen waren, waren nie mehr zurückgekommen. Aber ich nahm mir vor nicht in Panik zu verfallen und meine angeborene Würde zu wahren. Der Deerhound ist würdevoll!

Nach einer längeren Autofahrt stiegen wir aus – also ich wurde natürlich herausgehoben, denn ich muss auf meine Sehnen und Bänder achten. Ich lege mich einfach wie ein nasser Sack hin, dann verstehen die Zweibeiner eigentlich immer was zu tun ist. Sie führten mich in einen großen Garten mit Teichen und einem ganz alten Baum. Das sollte wohl ab jetzt mein neues Zuhause sein. Nach einiger Zeit fuhr ein Zweibeiner mit den beiden Jagdhunden weg, von denen der ältere Herr mir doch mit seinem Gebell nach einiger Zeit auf die Nerven gegangen war. So würde ich hier wohl allein wohnen. Nun ja, für mehrere von uns war dieser Platz auch wirklich zu klein. Aber ich will mich nicht beschweren. Der Deerhound ist anspruchslos!

Die Zweibeiner gingen zu einer großen alten Holztür und schlossen sie auf. Dahinter war ein Raum mit einem Korb, eine große Treppe führte nach oben und es gab noch zwei weitere Zimmer. Zur Begrüßung erschienen eine weiße und eine getigerte Katze. Eigentlich habe ich mit den Tigern keine Probleme, schnupperte also kurz in die Richtung der getigerten und erntete ein zischendes Geräusch. Ich wandte mich ab und ging zu der weißen, schnupperte an der rosa Nase dieses kleinen Wesens und plötzlich schrie dieser kleine weiße Fellballen mich an, spuckte mir sogar ins Gesicht. Wo war ich denn hier nur hingeraten? Aber ich erinnerte mich an die alte Deerhoundregel „immer gelassen bleiben" und zog mich dezent zurück. Die Katze ist unberechenbar!

Es wurde Abend und ich weigerte mich immer noch in das Zimmer zu gehen, in dem das große schwarze Monstrum stand. Wer konnte schon wissen, was alles passieren kann in einem Haus, in dem einige der Bewohner schier unzurechnungsfähig waren. Doch nach einigen Stunden merkte ich, dass dieses Ding wohl nichts tun würde, es kamen sogar Töne heraus, ähnlich wie die aus dem Radio, wenn die Zweibeiner sich daran setzten und mit den Fingern darauf tippten. Der Teppich war auch nicht zu verachten.

Eigentlich war es in einer so großen Hütte gar nicht schlecht. Die oberen Etagen würde ich am nächsten Tag erkunden, dachte ich. Doch die Zweibeiner bedeuteten mir zu folgen. Mühsam stieg ich die Treppen herauf, Holztreppen, glatt und gefährlich, ich hatte meine liebe Not nicht auszurutschen und mir das Kreuz zu brechen. Doch der Aufstieg schien lohnenswert. Ich wurde in ein Zimmer geführt, in dem ein riesiges Körbchen stand. Freudig stieg ich hinein, um direkt wieder hinauskomplimentiert zu werden. „Bett" nannten sie das Ding und es war scheinbar nur für Zweibeiner – da konnte man nichts machen. Eine große Kiste mit Decken drin wurde mir zugewiesen, auch nicht schlecht, aber das Bettdings war viel schöner. Ich beschloss zu warten bis ich allein mit diesem Luxuskorb war. Zweibeiner sind unachtsam!

In der Nacht konnte ich gar nicht gut schlafen. Immer dachte ich an meine Mama und fürchtete einer dieser fiesen

Tiger würde kommen und mich wieder bespucken. Außerdem musste ich mich ständig kratzen und das machte einen entsetzlichen Lärm in dieser Pappkiste. Ich glaube, die Zweibeiner konnten auch nicht schlafen, denn ab und zu hörte ich einige Geräusche, die nicht von Schlafenden kamen: „Oh Mann" und „ach nee", soweit ich verstanden habe. Nun, ich will ja nicht als Besserwisserin erscheinen, aber in eurem Bett hätte ich nicht so einen Lärm erzeugt, da wäre mein Kratzen kaum aufgefallen. Zweibeiner sind unlogisch!

Jetzt liege ich hier wach und denke nach über das, was da wohl kommen mag. Wenn ich mich ordentlich anstrenge, dann kann ich es vielleicht schaffen, aus diesen beiden Zweibeinern gute Deerhoundhalter zu machen. Nichts ist unmöglich!

Sonntag, 24. August

Bereits um sechs Uhr wurde ich in den Garten geführt und habe mich dort sofort erleichtert. Der Abstieg die Treppe hinunter war entsetzlich, hinauf war es viel einfacher. Ich blieb auf halber Höhe stehen und stemmte mich entgegen der Abwärtsrichtung. Doch die Zweibeiner zogen, schoben und drückten, hatten es scheinbar eilig hinunterzukommen. Sie sahen müde aus, aber trotzdem legten sie sich nicht wieder hin, sondern banden mir wieder so ein Ding um den Hals, diesmal war es aber ein anderes, ein passendes und zogen los. Ich trabte interessiert hinterher und bestaunte die Gegend. Autos kannte ich ja schon, aber hier gab es so viele, sie stanken und waren laut. Dann diese vielen anderen Zweibeiner, die mich unverschämt anstarrten und komische Fragen stellten. Am furchtbarsten war das Riesenauto, das direkt laut schnaufend und knurrend an uns vorbeifuhr, so etwas hatte ich noch nie gesehen. Die Welt ist gefährlich!

Der Rest des Tages war gemütlicher, bis zum Nachmittag, als ich wieder ins Auto steigen sollte, da machte ich dann wieder den „Esel" und wurde hineingehoben, wegen der Bänder und Sehnen, wie ich schon erwähnte. Nach einem guten Stück Autofahrt – ich durfte hinten liegen – hielten wir an. Da sah ich meine neuen Bekannten von gestern wieder und weil ich weiß, was sich gehört, lief ich auf sie zu und begrüßte alle schwanzwedelnd. Der Spaziergang war lang und ganz schön anstrengend. Die beiden anderen Hunde sprangen in einen See, mir blieb fast das Herz stehen. Ich fürchtete gerade, sie würden versinken, als man mich aufforderte doch auch einmal ins Wasser zu steigen. Ich bin ja nicht zimperlich, aber Wasser – nein danke! Dazu habe ich ein gespaltenes Verhältnis. Als Getränk akzeptiere ich es vollkommen, aber nicht für die äußerliche Anwendung. Zum Glück verzichtete man auf weitere Überzeugungsversuche und ich konnte mein Gesicht wahren. Der Deerhound ist mutig!

Am Abend musste ich dann tatsächlich doch ins Wasser. Also nicht direkt, ich wurde in eine große Schüssel gestellt, ich glaube die Zweibeiner nannten sie Badewanne, und dann mit Wasser begossen. Einer der beiden schüttete komisch riechendes Zeug über mich und sagte ich würde danach herrlich duften. Als wenn ich stinken würde! Nun ja, im Zwinger waren wir viele und mit der Reinlichkeit war es schwierig, aber ich will mich nicht entschuldigen, ich bin ein Hund und keine Topfpflanze! Der Deerhound hat einen dezenten Geruch!

Dieser Juckreiz machte mich ganz närrisch, schon wieder konnte ich nicht schlafen. Immerhin musste ich nicht mehr in dieser Pappschachtel liegen. Meine Lagerstätte wurde vor der Schlafzimmertür positioniert. Ein bequemes Kissen und ein Schaffell darauf – so lässt es sich aushalten. Noch ein letzter Blick um die Ecke – beide Zweibeiner liegen im Bett – gute Nacht bis Morgen. Menschen schlafen schnell ein!

Montag, 25. August

Frühstück, das muss man sich hier erst einmal verdienen, glaube ich. Nach einer unruhigen Nacht fand ich auch am Morgen kaum Schlaf, erst der Juckreiz und jetzt die Zweibeiner, die wahre Frühaufsteher zu sein scheinen. Mit Halsband und Leine ging es ab durch die Straßen und einer der beiden verschwand plötzlich in einem Haus mit großen Fenstern, aus dem es angenehm duftete. Ich durfte nicht hinein, warum wohl? Heraus kam der Mensch mit einer großen Tüte, die verlockend roch. Doch auch an dieses vielversprechende Ding durfte ich nicht nah genug heran, um einen Blick auf den Inhalt zu erhaschen. Der Deerhound ist ein Sichtjäger!

Nach dem Frühstück wurde ich sogleich wieder auf die Straße geführt – dabei hätte ich so gern ein Schläfchen gehalten. Diesmal war die Hölle los da draußen. Ein riesiges Fahrzeug brummte an uns vorbei und hielt neben uns an. Viele Menschen kamen heraus, andere stiegen hinein, ich fürchtete mich, auch wenn es mir unangenehm ist, das jetzt zuzugeben. Schließlich hätte dieses schnaufende Ungeheuer mich ja verschlucken können. So versuchte ich es mit dem „Esel", meinem altbekannten Mittel in unliebsamen Situationen. Die Zweibeinerin, sie war wohl das, was andere mein Frauchen nennen würden, wartete erstaunlicherweise so lange, bis ich mich entspannt hatte und dann erst gingen wir weiter. Es war schon etwas peinlich, denn wir standen ziemlich lange direkt neben einem Straßencafe. Die Menschen, die dort ihren Kaffee genossen, waren sichtlich über die Abwechslung erfreut.

Nach einigen Minuten Fußmarsch wurde ich in ein Haus gebeten, in dem es gar nicht gut roch. Eindeutig Angstgeruch. Schnell machte ich den „Esel", als aber schon ein Zweibeiner auf mich zukam und mir lecker duftende Köstlichkeiten vor die Nase hielt. Da musste ich wohl hinein und probieren. Der Deerhound ist immer hungrig!

Es war eines dieser Häuser in dem Tiere betrachtet und dann immer – fast immer – mit fiesen Nadeln gepiekst werden, wie sich dann herausstellte. Ich wurde eingehend beäugt und betastet. Das gefiel mir nicht, aber ich überstand die Prozedur mit der mir angeborenen Würde. Eine juvenile Dermatitis und eine schlechte Haut habe ich angeblich, sagte die Frau im weißen Kittel. Nun, deine Haut könnte auch ein wenig mehr Pflege vertragen, dachte ich giftig bei mir. Aber ich sagte nichts, denn eine alte Deerhoundregel besagt, sei lieb zu dem der Futter oder eine Spritze in der Hand hat. Deerhoundregeln sind hilfreich!

Am Abend probierte ich den Teppich im Zimmer mit dem Klavier aus und befand ihn für gut. Die Zweibeiner und ich saßen lange im Garten, es war wunderbar warm. Zu meinem Entsetzen musste ich wieder in die Badewanne und wurde geschäumt, geduscht und frottiert. Danach war das Jucken noch viel schlimmer, das hatte sich bestimmt diese Frau im weißen Kittel ausgedacht, sie musste bemerkt haben, was ich dachte. Nun liege ich wieder auf dem Kissen und kann gar nicht aufhören mich zu kratzen. Eigentlich wollte ich unten schlafen in meinem Riesenkorb, aber die Zweibeiner wollten mich in ihrer Nähe haben. Der Deerhound vermittelt ein Gefühl der Sicherheit!

Dienstag, 26. August

Die Nacht war wieder lang und ich wälzte mich auf dem Kissen umher. Juckreiz ist schlimmer als Schmerz!

Lange Spaziergänge, ein wenig zu lang für meinen Geschmack, und Streitereien mit den Stubentigern vergällten mir den Tag etwas. Doch ich will mich nicht beklagen. Wir haben immerhin andere Hunde getroffen. Leider war keiner dabei, mit dem ich näheren Kontakt gewünscht hätte, alles ganz gewöhnliche Typen eben. Wenn man die zum Laufen aufforderte, dann blieben sie nach einigen Metern weit hinter uns, das wusste ich von Mama. Sie hatte mir nicht viel mit auf den Weg gegeben, aber immerhin einige wichtige Grundregeln für das erfolgreiche Zusammenleben mit den Menschen und anderen Tieren. Nun, vielleicht würde ich ja irgendwann einen von uns treffen, ich musste abwarten. Der Deerhound ist geduldig!

Es hat sich nicht viel ereignet heute. Ein Ereignis hätte ich doch jetzt fast vergessen, vielleicht weil es mir wieder etwas peinlich war? Ich habe eine Aversion gegen alles was rollt, besonders gegen rollende Zweibeiner. Eines dieser Exemplare rollte plötzlich bei unserem Spaziergang von hinten an uns heran und sauste an uns vorbei, so schnell, dass mir fast das Herz stehen blieb. Nicht, dass ich ängstlich wäre – aber wie kann man nur so unhöflich sein, ohne Ankündigung von hinten angesaust zu kommen und alle Beteiligten zu Tode zu erschrecken. Obwohl, wenn ich mich recht entsinne, war nur ich es, die sich erschreckt hat, die Zweibeiner nahmen es gelassen. Sie nennen mich immer Wanda, dabei heiße ich ja eigentlich Brennia Paluduz, aber es gibt wahrlich schlimmere Namen. Jetzt liege ich wieder auf meinem Kissen und denke. Warum darf ich nicht überall hinein und was sind das für stinkende riesige Autos, die Zweibeiner verschlucken und ausspucken? Die Regeln der Menschen sind komisch!

Mittwoch, 27. August

Hundeschule! Mehr muss ich dazu eigentlich nicht sagen – oder? Deerhounds in der Hundeschule muss ich noch hinzufügen. Manch ein Hund mag sich da ja wohlfühlen, aber unsereins? Und dann auch noch, ich wage es kaum auszusprechen, eine Welpenschule. Ständig blickte ich mich um, immer in der Angst plötzlich von einen von uns gesehen zu werden. Im Boden versinken hätte ich mögen. Tapsige Berner Sennenhunde und rauflustige Terrier, die ich höflicherweise beschnupperte. Ich bekam ja direkt Nackenschmerzen vom Bücken. Der Lehrer ist ja ein netter Mensch, aber er erzählt viel Blödsinn – ich fürchte, mein Frauchen verbündet sich mit ihm, glaubt ihm gar diesen Mist. Pardon, Deerhounds fluchen ja nicht, ach, die schlechte Gesellschaft wirkt schon ansteckend. Sitz und Platz – na, das ist eine leichte Übung und man kann dabei so herrlich entspannen. Und dann ist man gerade mitten in einem Traum und es wird an der Leine gezerrt – „Wandaaaa, Fuuuuuß." – das hasse ich am allermeisten. An der Leine gehen ist doch was für Sklaven und nichts für uns. Nicht, dass ich etwas gegen andere Hunde hätte – zumindest nicht gegen alle, aber der Deerhound und natürlich auch die meisten anderen aus der Familie der Windhunde, sind schon etwas Besonderes, gewissermaßen die Royals unter den Hunden. Ich werde mir ja Mühe geben, aber ein wenig Entgegenkommen kann man ja wohl verlangen. Der Deerhound ist ja gar nicht so!

Der Rest des Tages war nicht sehr ereignisreich. Ich habe viel geschlafen und wir haben einen langen Spaziergang gemacht. Nun hoffe ich, dass wir nicht morgen früh wieder in diese Schule gehen. Ich denke, ich werde mich schlafend stellen, am besten schnarchen, das soll ja manchmal helfen. Der Mensch will betrogen werden!

Donnerstag, 28. August

Dem großen Hundegott sei dank! Wir waren nicht in der Schule. Auf den Hundegott ist Verlass!

Mein Herrchen ist heute einfach verschwunden. Nach dem Frühstück hat er einen Koffer genommen, der sehr interessant roch und ist mit einem dieser ganz lauten Autos weggefahren. Er kam dann zum Glück am Abend zurück. Schon einige Sekunden bevor er in die Straße einbog, konnte ich das Motorengeräusch hören. Dass die Menschen so ein Gefallen an diesen Knatterdingern finden – und klein ist dieses Auto – nicht einmal ein Deerhound hat Platz darin. Die Menschen sind schwer zu verstehen!

Wir hatten Besuch. Das ist fast immer gut, denn die meisten Gäste bringen dem Hund was Schönes mit. Zum Dank freute ich mich kräftig und sprang sogar an den Gästen hoch. Das schien nun wieder vollkommen falsch zu sein, denn Frauchen sagte „Wandaha" in dieser ganz bestimmten Tonlage. Das ist mal wieder so etwas, was ich nicht verstehe. Die Menschen grabschen mich überall an, tätscheln meinen Kopf und wenn ich dann zu ihren Mundwinkeln will - das macht man bei uns Hunden so, und im Gegensatz zu anderen Welpen gelingt mir das sogar bei größeren Exemplaren der Zweibeiner – dann wehren sie mich ab. Es scheint sie irgendwie zu ekeln, einige waschen sich sogar danach die Hände. Wie erniedrigend. Der Deerhound ist ein reinliches Wesen!

Heute musste ich gleich zwei Spaziergänge machen. Frauchen hat aber dazugelernt. Sie hebt mich immer brav ins Auto und auch wieder heraus. So langsam riecht der Wagen auch angenehm nach Deerhound – ein Geruch wie schottische Erde und reife Früchte, dazu ein wenig frische Pilze und der Bodensatz eines guten Single Malt Whiskys. Oh, ich gerate ins Schwärmen. Mein Frauchen beschreibt diesen unvergleichlichen Duft mit dem Gestank alter Socken, „nasser alter Socken", um genau zu sein und ich glaube ich habe da auch etwas wie „toter Igel" gehört. So etwas muss man sich mal vorstellen. Aber was soll man von jemandem erwarten, der sich literweise stinkende Flüssigkeiten auf den Körper schüttet. Als ich dabei heute hinter ihr stand, musste ich niesen und konnte gar nicht mehr aufhören. Dutzende von bunten Fläschchen stehen davon im Badezimmer herum, das kann ja heiter werden.

Mein Schlaf ist immer noch leicht in der Nacht und ich wache immerzu auf und muss mich kratzen. Ich denke darüber nach, wie ich an der Weißkittelfrau Rache nehmen kann. Der Deerhound ist nachtragend!

Sonntag, 14. September

Ein wunderschöner sonniger Tag, ich habe ganz früh meine Zweibeiner geweckt. Das tue ich ja fast jeden Morgen, sonst verschlafen sie ja alles. Ich gehe dann immer leise ins Schlafzimmer und suche zuerst die Füße der Menschen, nage leicht an den Zehen und lecke ihre Beine ab. Meistens ziehen sie aber die Beine einfach weg und ich muss zum Kopfende des Bettes, um mich ihren Haaren und Ohren zu widmen, daran kann man herrlich knabbern. Die beiden scheinen das zu mögen, denn sie geben so lustige Geräusche von sich. Wenn ich genug habe, und die Zweibeiner so richtig wach sind, dann ziehe ich mich auf meinen Schlafplatz zurück und döse noch etwas. Meist dauert es dann nicht lange und einer von beiden steht auf, um sich im Badezimmer mit Wasser zu überschütten und mit stinkendem Zeug zu begießen und beschmieren. Der Deerhound ist ein zuverlässiger Wecker!

Montag, 15. September

So langsam gewöhne ich mich an die Schule. Heute waren wir wieder da. Ich kann nicht sagen, dass ich es genieße, aber es ist erträglich. Wenn diese Vierbeiner ein wenig größer wären, müsste ich nicht ständig aufpassen, sie nicht umzurennen. Bei Fuß gehen ohne Leine habe ich denen heute mal so richtig gezeigt. Sogar der Lehrer, der ja immer was zu kritisieren hat, fand uns ganz gut. Frauchens Hand roch aber auch so gut nach Fleischwurst, dass ich mich nicht zu weit von ihr entfernen wollte, schließlich habe ich dann auch meinen Teil bekommen, da ist sie großzügig. Zum Ende der Stunde bin ich dann so richtig gerannt, habe allen gezeigt was in mir steckt, immer den Großen hinterher – oder besser gesagt, vorneweg – Spieglein, Spieglein an der Wand, wer ist die Schnellste im ganzen Land? Nur mit dem Bremsen und dem Lenken habe ich manchmal meine Probleme. Niemand ist perfekt – oder? Der Deerhound ist fast perfekt!

Montag, 29. September

Das war eine unruhige Nacht. Ich musste zwei Mal raus... mit Durchfall ist nicht zu spaßen und so musste ich richtig laut werden und gegen die Haustür klopfen, damit die Zweibeiner wach wurden und mir die Tür öffneten. Ein eigener Ausgang wäre nicht schlecht, ein eigener Schlüssel ist der Traum eines jeden Hundes, aber wegen der fehlenden Daumen nicht festzuhalten. Obschon – wenn ich ihn zwischen die Zähne nähme und dann vorsichtig ins Schlüsselloch steckte... vielleicht würde das sogar gelingen. Es gibt überhaupt viele Tätigkeiten, die man auch ohne Daumen ausüben kann. Die Zweibeiner bilden sich jede Menge auf dieses Fingerteil ein, aber sind wir mal ehrlich, es hat ihnen viel Ärger gebracht. SIE müssen die Dosen öffnen und SIE verdienen das Geld für das teure Dosenzeug. Der Deerhound kommt seit Jahrhunderten gut ohne Daumen aus!

Im Wald bin ich heute regelrecht ausgerastet, wenn ich das unfeine Wort mal benutzen darf. Es war so leer dort und Frauchen und eine Nachbarin von uns haben mir Stöckchen geworfen. Da wollte ich ihnen nur mal zeigen, wie schnell ich bin und da ist es geschehen. Mich überkam ein unwiderstehlicher Drang zu hüpfen, hinter imaginären Gegnern herzujagen und links und rechts im Unterholz zu verschwinden. Das war mir hinterher fast peinlich. Aber ich bin ja auch quasi noch ein Welpe, auch wenn ich schon das stattliche Schultermaß von 71 Zentimetern aufweise. Wahre Größe kommt von innen, also bilde ich mir auf meine Maße nichts ein. Aber beeindruckend bin ich schon. Der Deerhound-Welpe ist eine stattliche Erscheinung!

Sechs Durchfallhaufen mussten von der Wiese entfernt werden. Meine Güte, das hat vielleicht gedauert.

Dienstag, 30. September

Heute gibt es nicht viel zu erzählen. Einige Tage vergehen zum Glück ohne größere Sensationen. Umso mehr habe ich dann Zeit meinen Gedanken freien Lauf zu lassen. Ich sinniere gern über die Frage, ob es Deerhound-Leben außerhalb dieser Galaxis gibt. Wenn es intelligentes Leben weit entfernt von hier geben sollte, dann wäre es ja logisch, dass es dort auch Deerhounds gibt – ich will nicht überheblich klingen, aber der Intelligenzquotient der meisten meiner Verwandten ist so hoch, dass sie direkt in einen IQ-Club eintreten könnten, wenn sie sich denn überwinden könnten zu sprechen – welch primitive Lautäußerungen. Bellen finden wir übrigens auch eher einfallslos, so dass wir diese Laute nur benutzen, um uns mit niederen Lebensformen zu verständigen. Das sind manchmal andere Hunde, die sich noch auf dieser Stufe der Kommunikationsform befinden oder Menschen, die scheinbar unempfänglich für unsere Form der Verständigung sind. Jetzt müsste ich vielleicht etwas ausholen, um das zu erklären, denn die meisten Zweibeiner, die dieses Tagebuch lesen, werden das nicht verstehen. Einige wenige Deerhounds, die dieses Werk interessieren wird – oder die Zugang dazu erhalten, werden sofort wissen was ich meine. Unsere Kommunikation läuft über eine Art Telepathie. Wir denken ganz intensiv an etwas oder jemand und dann erledigt der Rest sich von selbst. Mit den Zweibeinern probieren wir das natürlich auch. Wir schauen sie ganz intensiv an und denken zum Beispiel an Futter, aber leider ist das Gehirn der Zweibeiner nicht so hoch entwickelt, dass sie es verstehen können. Der Deerhound ist eines der höchst entwickelten Lebewesen!

Mittwoch, 1. Oktober

Ach, wieder Hundeschule. Das scheint sich zu einer Art Ritual zu entwickeln. Ich habe nichts gegen die anderen Welpen, mit denen ich mich nun regelmäßig treffe, aber einige sind so klein und winseln gleich, wenn ich sie mit der Pfote berühre. Ein kleiner West Highland Terrier, er kommt also immerhin aus der gleichen Gegend Schottlands wie meine Vorfahren, kläfft mich immer an und wenn ich dann darauf eingehe und mit ihm spiele, dann werde ich verantwortlich gemacht für die wilde Spielerei. „So ein kleiner süßer Hund", wenn die wüssten, von wegen süßer Hund. Die verstehen ja nicht, was der zu mir gesagt hat – und ich werde mich hüten es hier öffentlich wiederzugeben. Der Deerhound ist eloquent und stets verschwiegen!

Ein weiteres Ritual scheint das Treffen mit dieser Jagdhündin zu sein. Sie ist die Rudelchefin – bisher – bei uns ändert sich das ja ständig. Im Wald habe ich dann versucht einmal nicht zu kuschen, als sie knurrte. Klar, dass sie sich behaupten wollte. Unsere Frauchen haben uns getrennt, als es gerade spannend wurde. Vielleicht klappt es ja bei nächsten Mal. Ich werde ja immer größer und stärker. Der Deerhound kann einen Hirsch niederreißen – habt acht ihr da draußen. Der Deerhound kriegt euch alle!

Freitag, 3. Oktober

Ich bin ja schon ein Langschläfer, trotzdem hatte ich heute Mühe meine Zweibeiner aus dem Bett zu werfen. Sie murmelten etwas wie „... iss doch Feiertag...", aber Hunde haben schließlich keine Kalender – Gott sei dank – und so machte ich eben solange weiter, bis sie aufgaben. Der Deerhound ist geduldig!

Wir haben eine Wanderung gemacht, in einem Wald, den ich noch nicht kannte. Es ging steil bergauf, ich hatte ein wenig Schmerzen, ich wachse gerade wieder und ausgerechnet hinten, da tut mir dann immer die Hüfte weh. Aber ich lasse mir natürlich nichts anmerken, ich bin ja ein würdiger Vertreter meiner Rasse. Wie sagte schon meine Großmutter?: „Niemals soll ein Deerhound jammern oder klagen. Er ist immer zufrieden mit dem, was er hat." Nun, so hielt ich denn tapfer durch und fing sogar ein Stöckchen, das mein Herrchen mir zuwarf. Das scheint die Lieblingsbeschäftigung vieler Menschen zu sein – wer weiß warum. Der Zweibeiner hat merkwürdige Leidenschaften!

Ich glaube, ich bin an einem guten Ort gelandet und bin gespannt auf weitere Abenteuer. Der Deerhound liebt das Abenteuer fast so sehr wie seine Couch!

Wanda-Urlaub in St. Maartenszee
15.Mai – 21. Mai 2004

Samstag, 15. Mai

Irgendetwas war schon am frühen Morgen anders. Herrchen und Frauchen liefen aufgeregt im Haus herum und packten unterschiedlichste Sachen in umherstehende Taschen. Es war ganz ungemütlich. Ich verzog mich in mein Körbchen, da hatte ich einigermaßen Ruhe. Von hier aus hatte ich die beiden und auch die Eingangstür im Auge. Es hätte ja sein können, dass sie etwas ganz Tolles machen würden und mich vergäßen. Frauchen tätschelte mir zwischendurch immer wieder den Kopf und sagte etwas von „URLAUB". Was das wohl sein könnte? Ich rätselte. Vor einem Spaziergang hieß es immer WALD oder sie nannte einen der Namen meiner Hundefreunde. Den Spaziergang hatten wir ja auch bereits hinter uns und für die Abendrunde war es noch zu früh. Kaum hatte ich diesen Gedanken zu Ende gedacht, bekam ich mein Halsband angelegt und man befahl mich hinaus. Sollten wir nun noch einen Rundgang unternehmen? Aber was würden wir mit all den Sachen machen, die wir dabei hatten? Hundefutterdosen, Decken und Taschen wurden von Herrchen ins Auto gestapelt, bis fast kein Platz mehr war. Ich erschrak, als Frauchen in der Heckklappe, da wo mein Platz ist, mein Liegekissen und ganz viele Decken und noch den Hundeteppich hineinbugsierte. Hoffentlich blieb noch ein Eckchen für mich frei. Was, wenn ich nicht mehr hineinpassen würde? Herrchen meinte, da sei gar kein Platz mehr für den Hund, aber er lachte dabei – also war es wohl einer seiner berühmten Scherze. Frauchen lockte mich zur Hecktür und warf ein Leckerchen auf den Kissen-Decken-Turm. Ich sprang hoch und landete mit den Vorderpfoten auf dem Wagenheck, konnte aber nicht das Leckerchen erblicken, das wohl irgendwo ganz oben auf dem obersten Kissen lag. Herrchen hievte mich etwas unsanft hinein und ich fand mich auf wabbeligem Untergrund wieder, vollkommen ohne Halt, sank sofort ein und fiel um. Im Liegen war es ganz bequem, aber ich hätte auch gern gesehen wohin wir fuhren. Leider kippte ich bei jedem Versuch aus dem Fenster zu sehen direkt um, so dass ich mich in mein Schicksal ergab und beschloss, ein Schläfchen zu halten. Ob das vielleicht schon URLAUB war? Der Deerhound liebt sein Schläfchen!

Der Wagen stoppte. Ich hatte ganz unruhig geschlafen, war vollkommen durchgerüttelt und froh nun endlich aus dem Auto herauszukommen. Vorsichtig sprang ich heraus und reckte mich tüchtig durch. Doch ich blieb an der Leine und bekam nur ein wenig Wasser und sollte mein Bächlein machen. Kaum hatte ich das erledigt – schwupps – hievte man mich wieder auf den Kissenberg. Dabei hätte ich gern die kleine weiße Pudeldame begrüßt, die so ein nettes Halsband in Pink trug und sie gefragt, ob sie auch URLAUB machte. Na, immerhin bekam ich von Frauchen noch ein Würstchen, das ich genüsslich verzehrte. Herrchen bekam keins und beschwerte sich lautstark darüber, doch Frauchen gab ihm nur ein paar Nüsse. Der Deerhound braucht seine Extrawurst!

Die Fahrt ging weiter und an Schlaf war nicht zu denken. Mir war heiß, mein Rücken war ganz durchgeschüttelt und ich so langsam wurde mir von dem Gewabbel und Geschaukel schon komisch. „Wir sind da", rief Frauchen plötzlich. Doch meine Zweibeiner stiegen ohne mich aus. Ich war empört. Sollte ich etwa hier in diesem Gefährt bleiben, während die beiden sich da draußen vergnügten? Mit weit aufgerissenen Augen verfolgte ich jeden ihrer Schritte und grübelte bereits über geeignete Maßnahmen, um diesem Gefängnis zu entkommen. Wenn das URAUB war, würde ich gern darauf verzichten. Zum Glück kamen sie bald zurück, ich wollte gerade anfangen ein kleines Wolfsgeheul zu inszenieren. Das tun wir Hunde manchmal, wenn das Rudel weit weg ist, schließlich haben wir keine Mobiltelefone.

Nach kurzer Fahrt hielten wir erneut an. Diesmal wurde ich aus dem Auto geholt und sofort angeleint. Als wenn ich hier weglaufen würde – wohin wohl? Wir gingen einen schmalen Weg entlang, der von kleinen Häusern mit ordentlichen kleinen Vorgärten gesäumt wurde. Ich schnüffelte. Es roch nach Hund. Das beruhigte mich etwas. Die Häuser sahen alle gleich aus. Ich hoffte, dass wir jemand Nettes besuchen würden, denn das taten wir manchmal. Die meisten Zweibeiner mochten mich und gaben mir Leckerchen. Wir gingen tatsächlich auf ein Haus zu. Vielleicht gab es hier ja noch andere Vierbeiner. Mit ein wenig Glück waren es auch nette Typen, keine, die mich anknurrten, -kläfften oder -fauchten. Doch im Haus war niemand. Herrchen holte die Taschen und Frauchen packte sie aus. Mich überkam eine schlimme Ahnung. Um Himmels willen – wir würden doch nicht etwa für immer hier bleiben? Der Garten war klein und das Haus winzig, bestimmt waren meine Freunde ganz weit weg. Ich hätte heulen können. Aufgeregt schnüffelte ich überall herum und beschloss mir direkt im allerersten Zimmer einen Platz zu suchen. Da standen die Taschen, die Schuhe, hier roch es vertraut und in der Mitte des Raumes stand ein riesiges Hundebett. Ich ließ mich vorsichtig darauf nieder und testete die Qualität. Erstaunt stellte ich fest, dass diese Liegestatt den hohen Ansprüchen eines Deerhounds durchaus entsprach. Es war weder zu hart noch zu weich, eine frische gelbe Decke lag obenauf. Vielleicht war es hier gar nicht so schlecht. Ich streckte meine steifen Glieder und vergrub die Nase mit einem lauten, wohligen Seufzer unter dem dicken weißen Kissen, das mitten auf dem Hundebett lag. Der Deerhound liebt die Bequemlichkeit!

„Ja - das ist ja wohl nicht die Möglichkeit!" Frauchens durchdringende Stimme schreckte mich aus den schönsten Träumen. Ob Herrchen wieder etwas angestellt hatte? Doch sie schien mich zu meinen. „Runter von unserem Bett, aber flott." Oh, das war mir wieder unangenehm. Woher sollte ich denn wissen, dass dies ein Bett für Menschen war? Das hätte mir ja auch einmal jemand sagen können. Frauchen scheuchte mich aus dem Zimmer und legte meinen Hundeteppich auf den Boden und eine frisch gewaschene Decke auf eines der beiden Sofas. Ich probierte beides aus. Nun musste ich feststellen, dass hier ein Vergleich mit dem riesigen Bett, auf dem ich soeben noch so herrlich geschlafen hatte, schwierig war. Ich musste es nur noch einmal ausprobieren. So schlich ich in das unbewachte Zimmer und wurde natürlich wieder erwischt, bevor ich mich ausstrecken konnte. Der Deerhound wird oft ungerecht behandelt!

Nach einiger Zeit wurde zum Spaziergang gerüstet. Halsband, Leine, Leckerchen und diese komischen Tüten, in denen manchmal ein Häufchen von mir verschwindet. Ich beschloss, mir wieder Mühe zu geben dorthin zu machen, wohin Frauchen nicht folgen konnte. Diese Menschen wissen gar nicht, wie peinlich uns Hunden das sein kann. Eine Tüte aus Plastik! Recht lang musste ich an der Leine gehen, was mir nicht gerade angenehm ist. Nie darf ich da schnüffeln, wo ich will und wenn ich mal zügig voraneile, dann werde ich zurückgehalten. Frauchen bleibt dann andauernd stehen, dabei schnüffelt sie gar nicht, sondern wartet, bis ich zu ihr komme und sie hole. So machte sie es auch diesmal.

Hier gab es so viele fremde Gerüche von unbekannten Pflanzen und Hunderten von Hunden, die ihre Nachrichten an den Sträuchern hinterlassen hatten. Der Boden war sehr weich und es gab einen solchen Wind, dass mir das Fell fast wegflog und die Ohren umherflatterten. Ich wurde immer aufgeregter, irgendetwas würde gleich geschehen, das wusste ich. „Da, das Meer!", rief Frauchen und deutete mir ihrem Finger nach vorne. Ein tosendes Wasser lag vor uns. Endlich löste sie meine Leine und ich blieb noch einen Moment stehen, um mich zu orientieren. Der Boden war locker und weich, ich rannte los um ihn zu probieren. Er war ideal zum Rennen. Leicht wie eine Feder flog ich darüber hinweg, um nach kurzer Zeit wieder zurückgepfiffen zu werden. Ich hatte die Entfernung falsch bemessen, war plötzlich ganz weit entfernt von meinen Menschen. Wir gingen zu dem wilden Wasser, das Frauchen Meer genannt hatte. Da ich durstig war, beugte ich mich herab um etwas davon zu trinken. In diesem Moment verschwand aber das Wasser und ich guckte ziemlich dumm. Sogleich kam es wieder zurück um sofort wieder zu verschwinden. Ich verfolgte es also und stieß meinen Kopf blitzartig hinab und nahm einen kräftigen Schluck. Es schmeckte ganz komisch, so ein Wasser hatte ich noch niemals getrunken. Ich schüttelte mich und in dem Augenblick schwappte mir das Wasser um die Pfoten. Das war mir unheimlich und ich hüpfte erschrocken in die Höhe. Die Menschen lachten darüber – verstehe einer die Zweibeiner. Ich finde, Wasser sollte sich entweder in einem Trinknapf befinden oder sich, wenn es in Freiheit auftritt, in einer geeigneten, berechenbaren Weise verhalten. Es kann in einem See oder Teich stehen oder in einem Fluss oder Bach fließen! Aber bitte in eine Richtung.

Herrchen warf mir ganz viele Bälle, das kann er gut, so richtig weit. Ich brachte auch jeden zurück. Nur einer fiel mir ins Wasser, als ich eine elegante Kurve laufen wollte. Diesem Wasser misstraute ich, da konnte Herrchen von mir aus „Wanda, los, hol das Bällchen" rufen, bis es Nacht wurde. Ich blieb stehen und beobachtete das kleine gelbe Bällchen, wie es hin und hergeworfen wurde vom Wasser. Sollte dieses „Meer" ruhig seinen Spaß haben. „Das schöne neue Bällchen", Frauchen zog sich die Schuhe und Socken aus. „Wenn ihr zu feige seid, muss ich wohl ...", rief sie und stapfte mutig ins tosende Wasser. „Brr – igitt ist das kalt." Herrchen lachte. „Ach du heiliges Hühnerbein", gluckste er, als Frauchen wieder aus dem Wasser stakselte und deutete mit dem Finger auf ihre Beine. Ich verstand mal wieder nichts. Es war kein Huhn weit und breit zu sehen und Frauchen war jetzt ganz schön sauer. Der Deerhound hat Probleme die Menschen zu verstehen!

Am Abend war ich sozusagen hundemüde. Ich hatte eine Portion Dosenfutter und noch Spaghetti mit Tomatensauce verdrückt. Wo war denn nun mein Schlafplatz? Ich probierte es noch einmal mit dem riesigen Hundebett, doch Frauchen erwischte mich noch bevor ich es erklimmen konnte, außerdem lag Herrchen schon darin. Sie zog mein Schlafkissen vor die Schlafzimmertür und verschwand im Bad. Herrchen zog die Tür von innen zu. Sollte ich etwa vor der geschlossenen Tür schlafen – ganz allein??? Als Frauchen aus dem Bad zurückkam, öffnete sie die Schlafzimmertür sofort. „Nein, die Tür bleibt auf", flüsterte sie, als hätte sie mich verstanden. „Schlaf schön und pass auf uns auf." Ich beschloss, mir Mühe zu geben, beides zu tun. Aber wenn ich einschlafen würde, konnte ich ja nicht mehr wachen. So hielt ich krampfhaft die Augen auf und überlegte, wie mir URLAUB gefiel. Doch noch bevor ich die Antwort finden konnte, hatte der Schlaf mich besiegt. Der Deerhound ist kein guter Wachhund!

Sonntag, 16. Mai

Herrchen ist heute ganz früh aufgestanden, hat sich direkt angezogen und ist verschwunden. Ohne mich!!! Als er zurückkam, hat er nach Sand und Meer gerochen. Ich war enttäuscht. Er war da, wo man so schön rennen kann und ich musste hier in dem kleinen Häuschen sitzen. Frauchen hat inzwischen geduscht. Sonst gehe ich dann immer zu ihr hin und trinke etwas Duschwasser, das schmeckt immer so lustig nach Blumen. Weil sie danach auch immer so fein duftet, lecke ich manchmal ihre Beine ab und sie lacht dann immer. Es scheint ihr zu gefallen. Doch diesmal war ich dazu gar nicht in der rechten Laune. Herrchen schwitzte als er ins Haus kam. Er war also gerannt – vielleicht sogar mit anderen Hunden??? Schwitzen ist absolut menschlich. Ich tue das niemals, ich hechle allenfalls etwas, wenn es warm ist oder ich einen schnellen Lauf hinter mir habe. Ich schnaufte missmutig in meine Kuscheldecke. Doch plötzlich nahm Frauchen die Leine vom Haken und legte mir das Halsband um. „Komm, wir gehen ans Meer", flüsterte sie, als sei es ein Geheimnis nur zwischen uns beiden. Herrchen ließen wir in dem kleinen Haus zurück. Er durfte nicht mit – das geschah ihm recht. Der Deerhound ist nachtragend!

Am Strand trafen wir eine ganz nette Hundedame. Sie kam aus der Türkei. Das sei furchtbar weit weg, erklärte sie mir, und da gebe es auch ein Meer, nur sei es da viel wärmer als hier. Sie hatte zuerst ein wenig Angst vor mir, aber dann sind wir zusammen geflitzt. Sie war schnell – also gemessen an Nichtwindhunden - natürlich lange nicht so schnell wie ich. Leider wurde ich danach sofort angeleint, Frauchen sagte etwas von Leinenpflicht ab neun Uhr. Das sollte das Unwort des Jahres werden: LEINENPFLICHT. Das kommt direkt nach MAULKORBZWANG, HUNDEVERBOT und UNTERORDNUNGSÜBUNG. Abschaffen sollte man solche Wörter und sie ersetzen durch FREILAUF, STREICHELEINHEITEN, HUNDEWIESE und RENNEN. An der Leine kann ich nie dahin, wohin ich will. Am liebsten laufe ich von links nach rechts vor und hinter Frauchen her, schnuppere am Wegrand und verspeise einen dieser köstlichen Pferdeäpfel – natürlich nur, wenn er frisch ist - und koste ein wenig grünes Gras. Und es gibt ja fast nichts Unangenehmeres als ein Häufchen zu machen, wenn man angeleint ist. Lieber gehe ich ganz weit in die Büsche oder ins hohe Gras, aber dahin will

Frauchen ja nicht mit. Der Deerhound ist am stillen Örtchen gern allein!

Der Tag war langweilig. Die Zweibeiner steckten ihre Nasen in Bücher und faulenzten. Frauchen legte sich im Garten auf eine Liege, mitten in die Sonne. Das wäre mir zu warm gewesen. Ich suchte drinnen ein gemütliches Plätzchen auf der Couch und döste vor mich hin. Erst als es im Garten etwas Schatten gab, warf ich mich auf die Wiese und wälzte mich ein bisschen. Mittags bekam ich Nudeln mit Tomatensauce. Das ist eine meiner Lieblingsspeisen, gleich nach Hüttenkäse und natürlich Parmesan, aber Frauchen hatte leider vergessen solchen drüberzustreuen.

Am Nachmittag guckte Frauchen wieder diese komische Sendung im Fernsehen. Da sind immer ganz viele Hunde, Katzen und manchmal auch Häschen, die ein neues Zuhause suchen. Ich beobachte Frauchen dann immer sehr genau. Manchmal ruft sie Herrchen und sagt Dinge wie: „Ist der nicht süß?" oder: „Würde der nicht wunderbar zu unserer Wanda passen?". Nicht, dass ich etwas gegen Gesellschaft hätte – gegen angenehme Gesellschaft, möchte ich betonen – aber ich würde mir schon gern selbst aussuchen, wer gut zu mir passt. Es gibt nämlich auch Hunde, die sehen sehr niedlich aus, sind aber furchtbare Giftspritzen, kläffen, knurren und wollen gar nicht rennen, so sehr man sie auch dazu auffordert. Allerdings hätte ich auch nichts gegen so ein kleines kuscheliges Häschen einzuwenden. Der Deerhound liebt den Hasen!

Am Abend waren wir noch einmal am Strand. Herrchen hat ganz oft das Bällchen geworfen – er kann viel weiter werfen als Frauchen. Frauchen hat jetzt SONNEN-BRAND – das ist rot, juckt und brennt und man muss da was draufschmieren, das ich nicht ablecken darf. Nun, dann ist das wohl URLAUB: Den Tag über faul sein, leckere Sachen essen und morgens und abends am Meer herumrennen, Bällchen werfen und fangen und Sonnenbrand haben. URAUB ist eigentlich doch nicht so schlecht. Ich bin sehr gespannt, ob wir morgen wieder zurückfahren. Ich vermisse meine Freunde ein bisschen. Der Deerhound braucht angenehme Gesellschaft!

Montag, 17. Mai

Wir fuhren noch nicht nach Hause. Ganz früh gingen wir alle zum Strand. Wir nahmen aber einen anderen Weg als gestern, mussten durch eine Tür und über einen Holzsteg gehen und entdeckten plötzlich riesige schwarze, zottelige Tiere mit Hörnern. Leider waren es keine Hirsche. Herrchen nannte sie GALLOWAYS. Sie interessierten sich gar nicht für uns, ignorierten uns einfach. Ich wollte höflich sein und mich wenigstens kurz vorstellen, denn Frauchen sagte, das seien auch Highlander, genau wie ich. Doch diese Schotten waren sehr unfreundlich, fraßen unbeeindruckt weiter. „Irgendwann müssen wir unbedingt nach Schottland", rief Frauchen. Davon war ich nun gar nicht überzeugt. Wenn es da nur Typen mit schlechtem Benehmen gab, konnte Schottland mir gestohlen bleiben. Britische Höflichkeit ist ja nun schon fast sprichwörtlich, doch nun schäme ich mich fast ein wenig dieser düstren Landstiere. Der Deerhound hat ein natürliches Gespür für Höflichkeit und vornehmen Lebensstil!

Am Strand traf ich einen jungen Jagdhund. Er war erst sieben Monate alt und da er mich so nett bat, rannte ich ein wenig mit ihm. Aber wie so oft, bei diesem jungen Gemüse – ich bin ja immerhin mit meinen vierzehn Monaten schon eine junge Dame – wusste er nicht, wie man sich gegenüber einem fast erwachsenen Hund benimmt. Er ritt auf meinem Kopf herum, man stelle sich diese Unverschämtheit vor. Dafür hätte ich ihn auf der Stelle in Grund und Boden knurren können, aber ich verzichtete darauf, ich war ja auch mal so jung und dumm. Er war ja auch nett, ganz verspielt, machte andauernd witzige Sprünge, fast wie ich als Junghund. Nach kurzer Zeit verabschiedeten wir uns voneinander und Herrchen warf mir Bällchen was das Zeug hielt. Plötzlich ließen sich die Zweibeiner in den Sand fallen. Die sind wirklich manchmal komisch, gerade wo wir so toll spielten brauchten sie eine Pause. Auf dem Rückweg wurde ich wieder angeleint und wir kamen nochmals an diesen unhöflichen Schotten vorbei. Dann verschwand Herrchen plötzlich wieder, diesmal in einem riesigen Haus, aus dem es gut duftete. Davor saßen einige Hunde und warteten auf etwas. Frauchen und ich gesellten uns dazu. Als Herrchen wieder herauskam, hatte er eine Tüte und eine Zeitung in der Hand. Und was war für mich? „Das ist nix für dich – Nase weg“, klärte er mich auf. Trotzdem musste ich ein paar Mal mit der Nase an die Tüte stupsen, es hätte ja doch für mich sein können. Der Deerhound mag, wenn man ihm etwas mitbringt!

Den ganzen Tag über machten wir wieder alles, was man im URLAUB machen muss. Ich bekam Seefisch, Nudeln und Schmand, wir lagen faul herum, nur Sonnenbrand haben wir diesmal nicht gemacht. Am Nachmittag ging Frauchen allein weg. Ich mag das nicht gern, wenn sie ohne mich unterwegs ist. Wer soll sie denn beschützen, wenn ich nicht dabei bin und außerdem könnte sie ja tolle Dinge machen, die sie nie ohne ihren Hund tun sollte. Als sie zurückkam, duftete es im ganzen Haus sehr vielversprechend, genau so, wie aus dem großen Haus, in dem Herrchen heute früh verschwunden war. Aus der Tasche zog Frauchen ein rundes Ding hervor, das sie mir in die Schnauze steckte. Ich stand etwas ratlos da – was erwartete sie nun von mir? Mit großen Augen blickte sie mich an. Vielleicht sollte ich es lieber fallen lassen? Nein, das war wohl falsch, sie steckte es mir wieder ins Maul zurück. Nun trug ich das Ding hinaus in den Garten, um es eingehend zu betrachten und mein weiteres Vorgehen zu planen, möglichst unbeobachtet. Aber die Zweibeiner folgten mir mit ihren Blicken. „Ihr erster KNOCHEN", sagte Frauchen, „ich bin gespannt, was sie nun damit macht." Da waren wir schon zwei, die gespannt waren ... Ich leckte das Ding ab – es schmeckte gut und so beschloss ich, an ihm herumzunagen und zu kauen. Zwischendurch stand ich immer mal wieder auf, drehte mich einige Male im Kreis und ließ mich fallen, um wieder in den KNOCHEN zu beißen. Offensichtlich war das genau richtig, denn Herrchen und Frauchen waren sehr zufrieden mit mir, wandten sich ab und steckten die Nasen in die Bücher. Der Deerhound weiß, was von ihm erwartet wird!

Spät am Abend gingen wir noch einmal ans Meer. Frauchen packte diesmal einen Rucksack – aber ich konnte nicht genau erkennen, was sie hineinlegte. Wir verbrachten einige Zeit bällchenwerfend am Strand und suchten uns schließlich einen Platz auf einem der kleinen Hügel, die Frauchen DÜNEN nannte. „Herrlich ist das hier", sagte Frauchen und packte lauter Sachen aus ihrem Rucksack. „Die Strandmatte, damit wir bequemer sitzen, das Wasser für Wanda, den Brunello di Montalcino ... Oh, nein", entfuhr es ihr „ich habe die Leckerchen für Wanda und den Korkenzieher vergessen!" Herrchen war entsetzt. Ich auch. Frauchen wühlte in ihrem Rucksack, als könnte sie doch noch die vermissten Dinge darin finden. „Der Korkenzieher – nein so was." Korkenzieher? Pfff, was war schon ein Korkenzieher im Vergleich zu meinen Leckerchen. Ich nahm einen Schluck Wasser und beobachtete Herrchen, der sich mit einem Taschenmesser an der Weinflasche zu schaffen machte. „Plopp", machte es plötzlich, er hatte es tatsächlich geschafft. Die Zweibeiner lachten zufrieden. Nur ich musste leer ausgehen. Herrchen füllte den roten Wein in zwei Gläser und sie stießen an. „Na Wandi, alles klar?", stieß mich Herrchen an. Höflich wie ich bin, erwiderte ich den Schulterklopfer mir meiner linken Vorderpfote, woraufhin die beiden Zweibeiner in Gelächter ausbrachen. Ich verstand wieder einmal gar nichts. Dann tranken sie einen Schluck und starrten in Richtung Meer vor sich hin. Sie schienen auf irgendetwas zu warten. Ich blickte nach links, rechts, oben, unten hinten und vorn, versuchte zu erkennen worauf sich ihr Interesse richtete: vielleicht auf die Spaziergänger mit Hunden, die Reiter dort hinten oder das gelbe Auto? „Da", Frauchens Stimme riss mich aus meinen Gedanken. „Gleich geht sie unter, mach ein Foto", rief sie und deutete aufs Meer. Ich blickte konzentriert in die angezeigte Richtung und sah – die Sonne. Tatsächlich, sie verschwand langsam im Meer. Nun wusste ich endlich, wohin sie am Abend immer ging, wenn ich sie nicht mehr sehen konnte. Ob sie auch am nächsten Morgen hier wieder auftauchte? Der Deerhound lernt gern dazu!

Gerade, als ich beschlossen hatte in den DÜNEN zu warten, bis die Sonne wiederkam, brachen die Zweibeiner auf. Frauchen rollte die Strandtasche zusammen und trug sie an den Henkeln mit sich. Dieses Teil sah interessant aus und ich schnupperte ausgiebig daran. „Na, was willst du? Trag sie ruhig, wenn du magst", lachte Frauchen und steckte mir die Henkel ins Maul. Und ich trug sie bis nach Hause. Die Menschen, die uns entgegenkamen lachten und auch meine Zweibeiner feixten herum. Aber das war mir egal – ich hatte eine Aufgabe und ich ließ mich weder von anderen Hunden noch von lachenden Kindern davon abbringen. Diese Strandmatte würde ich sicher heimbringen. So ließ mich auch die Bemerkung eines vorbeifahrenden Radfahrers kalt: „Schaut mal, der trägt ein Kofferradio!" Menschen können ganz schön dumm sein. Der Deerhound lässt sich nicht schnell beeindrucken!

Am Ende des Abends war ich sehr zufrieden und stolz. Ich hatte eine Mission und ich habe sie erfüllt. Dafür wurde ich auch mit einer riesigen Portion Leckerchen belohnt, die ich gern vertilgte, denn in meinem Maul schmeckte es so komisch nach Strandmattenhenkeln. Der Deerhound liebt Belohnungen!

Dienstag, 18. Mai

Herrchen ist wieder ohne uns losgelaufen. „Gib mir 20 Minuten Vorsprung. Ich laufe ein Stück am Strand entlang, zurück durch die Dünen. Wir treffen uns und gehen noch zusammen spazieren", hatte er zu Frauchen gesagt, bevor er zur Tür hinausging. Wir warteten also und marschierten schließlich los. Wie vereinbart, wählten wir den Weg durch die Dünen. Den, auf dem „Hunde an der Leine zu führen sind". Es roch auf einmal ganz komisch und bevor ich Frauchen warnen konnte, sah ich uns fünf riesigen Galloways gegenüberstehen. Wir Deerhounds haben zwar ausgezeichnete Augen, doch unsere Nasen könnten besser funktionieren, das will ich wohl zugeben. Was sollten wir tun? Frauchen zögerte einen Moment. Die Hornviecher standen mitten auf dem Weg, starrten uns erwartungsvoll an und einer leckte sich das Maul mit der riesigen Zunge. Mein

Herz klopfte wie wild. Da kehrte Frauchen um – mir fiel ein ganzes Highland-Gebirge von der Brust! Nicht, dass ich feige wäre, aber man weiß nie, wie solche Rindviecher reagieren. Außerdem waren wir zwei gegen fünf, eine schlechte Voraussetzung, wie ich finde. Nun mussten wir einen großen Umweg gehen, um zum Strand zu kommen. Es folgte das übliche Bällchenspiel, wobei Frauchen längst nicht so lange Bälle werfen kann wie Herrchen, aber sie gibt sich Mühe. „Da ist ja der Johannes, schau Wanda", rief sie plötzlich und deutete auf einen weit entfernten Punkt am Strand. Ich sah nichts, außer einem Holzpfahl, aber das konnte ich ihr ja nicht sagen. Also marschierten wir weiter, bis auch Frauchen enttäuscht feststellte, dass es sich nicht um Herrchen, sondern um einen 1,95 Meter hohen Pfahl handelte. Wir gingen aber auch noch zum nächsten Holzpfahl, um schließlich ohne Herrchen wieder zurück in den Ferienpark zu gehen. Dabei wählten wir wieder den Umweg – womöglich standen ja die zotteligen Rinder wieder im Weg. Der Deerhound ist mutig, aber durchaus vorsichtig!

Daheim angekommen, fanden wir Herrchen vor der verschlossenen Tür – den Schlüssel hatte Frauchen. Es stellte sich heraus, dass wir uns nur wegen der Rindviecher verfehlt hatten. Wären die nicht aufgetaucht, hätten wir uns in den Dünen getroffen. Der Tag verlief dann wie gewohnt ruhig. Am Nachmittag bekam ich dann Reis und Fleisch mit Brühe – RINDFLEISCH – haha, Beinscheibe um genau zu sein. Ich empfand das ein bisschen als Rache für den verpatzten Morgen – und lecker war es natürlich auch.

Spät am Abend warf mir Herrchen dann noch ganz lange Bälle am Strand. Vorher war ich noch frisch gebürstet worden. Diese pieksende Bürste mag ich nicht so sehr, aber es gibt immer Leckerchen dazu, Ich ertrage es dann und schüttle mich danach immer so wild, dass ich fast umfalle. Frauchen lacht immer und sagt, ich sähe aus wie eine Flaschenbürste. URLAUB gefällt mir eigentlich ganz gut, aber es wäre schöner, wenn ein paar meiner Freunde da wären. Der Deerhound braucht ab und zu ein anregendes Gespräch!

Mittwoch, 19. Mai

URLAUB ist jeden Tag gleich. Am Morgen läuft man am Strand entlang, fängt Bällchen, dann wird geschlafen, gefressen, gedöst, man beobachtet Möwen und am Abend geht es wieder ans Meer. Wenn ich recht überlege, ist es fast wie daheim, nur, dass es da statt Strand und Meer Wald und Bäche gibt. Der Sand unter den Pfoten ist allerdings ideal zum Rennen. Doch die meisten Hunde, die ich bisher hier getroffen habe, waren nicht am Flitzen interessiert. Viele von ihnen knurren, kläffen und bewachen ihre Häuser – eine Tätigkeit der ich nicht viel abgewinnen kann. Knurren und bellen kann ich auch, wenn mir ein anderer Hund ein Stöckchen oder Bällchen abnehmen will, dann knurre ich und wenn ein Hund nicht mit mir fangen spielen will, dann springe ich vor ihm herum und belle. Aber das Haus bewachen – wozu gibt es Alarmanlagen? Der Deerhound bellt, wenn´s IHM gefällt!

Heute war es am Strand voller als gestern. Herrchen meinte, das seien die HIMMELFAHRTSAUSFLÜGLER. Fragt mich nicht, was das bedeutet, Herrchen spricht oft in Rätseln. Diese FLÜGLER fuhren Fahrrad, hatten bellende, knurrende Hunde und laut schreiende Kinder dabei. Ich mag diese Typen nicht. Wir waren froh, als wir nach dem Abendspaziergang ganz allein zu dritt im Wohnzimmer saßen. Frauchen gab mir Nudeln mit Tomatensauce, das scheint ein typisches Essen im URLAUB zu sein. Ich hätte nichts dagegen, das auch zu Hause zu essen. „Morgen wird das Wetter schlechter", sagte Herrchen, als wir uns bettfertig machten. Einem Highlander wie mir machte das gar nichts, im Gegenteil, bei Wind, Regen und Kälte blühe ich geradezu auf. Doch diese Himmelfahrtstypen wurden bestimmt nicht gern nass. Vielleicht hätten wir ja dann den Strand mal ganz für uns. Wir Deerhounds sind von Natur aus anspruchslos und wetterfest – zwei wichtige Voraussetzungen, um in dieser Welt zu leben!

Donnerstag, 20. Mai

Heute ging es wieder früh mit Frauchen allein zum Strand. Ich habe Bällchen gefangen, Salzwasser getrunken, Durchfall gehabt ... eben alles, was zum URLAUB dazugehört. Mittags gab es Kartoffelsalat. Das war gut, fast so lecker wie Nudeln mit Tomatensauce. Am Abend ging es dann wieder zur Strandrunde und Herrchen erfand, wie er verkündete, „ein neues Spiel" für mich. Er warf mir ein Bällchen zu und ich fing es mit der Schnauze auf. Frauchen und ich kannten dieses Spiel natürlich schon, aber wir haben ihm nichts verraten, so hatte er doch viel mehr Spaß daran. Aber er erfand dann doch etwas Neues. Er holte ein zweites Bällchen hervor. Ich fing eins auf und er warf direkt das andere hinterher, so dass ich das erste schnell ausspuckte. So warfen, fingen und spuckten wir eine Weile, bis wir beide keine Lust mehr hatten. Frauchen meinte, wir sollten damit im Zirkus auftreten, keine Ahnung, was sie damit sagen wollte, aber bestimmt wäre es was Lustiges, denn sie lachte dabei. Herrchen war so richtig übermütig heute. Er versuchte sogar, mir den Weg abzuschneiden, als ich mit einem Bällchen im Maul flüchten wollte. „Da musst du schon ins Meer fliehen", rief er begeistert und hüpfte vor mir herum, stupste mich und lachte. Ich lief in Richtung Wasser, das wieder einmal gerade dabei war zu verschwinden, verfolgt von Herrchen. Plötzlich kam das Meer ganz schnell zurück – viel schneller als sonst. Wir standen beide im Wasser. Im Gegensatz zu Herrchen hatte ich aber keine Turnschuhe und Baumwollhosen an, die sich vollsogen und diesmal hat Frauchen nicht über MICH gelacht. Der Deerhound ist mit einem ganz eigenen Humor ausgestattet!

Auf dem Heimweg trafen wir einen Dackel und einen kleinen Terrier-Mischling. Die regten sich so auf, dass sie sich fast verschluckt hätten. In der Nähe unseres Häuschens empfingen uns zwei Irish Setter, die hinter dem Zaun wachten, mit fürchterlichem Gebell. Doch als sie bemerkten, dass die Gartentür geöffnet war und ich dort auf sie wartete, waren sie ganz schnell still und begrüßten mich freundlich und reserviert. Ich nahm ihnen das nicht übel, ich weiß, die Menschen erwarten von ihnen, dass sie so eine Show abziehen. Es war halt ihr Job – mir wäre das viel zu stressig. Der Deerhound liebt die Harmonie!

Am Abend habe ich Herrchens nasse Socke vom Wäscheständer stibitzt und bin damit durch den Garten gerast. Nasse Socken fliegen ganz besonders gut, wenn man sie durch die Luft sausen lässt. Ich konnte gar nicht mehr aufhören mit dem Spiel, bis ich hechelnd und keuchend in der

Ecke lag. Meine Zweibeiner konnten kaum noch die Musik hören, haben sie zumindest behauptet. Morgen würde der letzte Tag URLAUB anbrechen. Mir sollte es recht sein, auf eine Art und Weise habe ich ja immer URLAUB. Der Deerhound mag LA DOLCE VITA!

Freitag, 21. Mai

Der letzte Tag URLAUB, dann geht es zurück nach Hause. Ich hoffte den ganzen Tag darauf, dass noch etwas Besonderes geschehen würde. Der Tagesablauf war wie immer. Am Abend aber, gab es wirklich etwas, das ich noch nie zuvor erlebt hatte. Wir gingen zu einem ganz besonderen Haus. Auf dem Weg dahin erschreckte ich noch ein paar Kinder, mir fiel mein Bällchen aus dem Maul und ich sprang hinterher um es zu holen, genau in eine Gruppe Kinder, die wie am Spieß schrien. Dabei war ich doch angeleint. Frauchen kam hinterher gesaust und entschuldigte sich, nachdem sie sich wieder berappelt hatte auch artig bei den Eltern der Kleinen. Ich hatte mein Bällchen, alles andere interessierte mich wenig. Also – nun kamen wir zu dem Haus, aus dem es so verführerisch gut duftete. Frauchen verschwand darin und kam mit einem Tablett wieder heraus. Wir setzten uns an einen der Tische und aßen warme, gelbliche, längliche Dinger, die so gut schmeckten, wie sie gerochen hatten. „Pommes", nannte Frauchen diese Köstlichkeit und ihr Geschmack übertraf sogar den von Nudeln mit Tomatensauce. Frauchen gab mir einige von ihren Pommes, Herrchen aß seine ganz allein auf, ohne mit mir zu teilen. Ich nehme es ihm nicht übel, die waren zu gut. „Noch ein Krabbenbrötchen?", fragte Frauchen in die Runde. Ich nickte, aber Herrchen wehrte ab, die Pommes seien der Sünde genug. Eine merkwürdige Einstellung. Nun, ER hatte sich ja auch satt gegessen. Der Deerhound ist ein Feinschmecker, er kommt nur so selten dazu!

Das war also der letzte Urlaubstag. Die Zweibeiner packten die Taschen und ich sah zu und dachte, dass ich eigentlich viel lieber daheim als unterwegs war. So hoffe ich nun, dass ich nicht so bald wieder in den URLAUB muss, sondern in meinem Körbchen schlafen, auf meinem Ledersofa rumhängen, mit meinen Freunden toben und einfach das Leben genießen kann. Ein altes Deerhoundsprichwort heißt – LIEBER DAHEIM AUF DER COUCH, ALS UNTERWEGS AN DER LEINE. Der Deerhound braucht seine Freiheit!

Wanda-Urlaub auf Ameland
23. April bis 2. Mai 2005

Samstag, 23.April

Heute passiert es wieder, ich weiß es genau: Urlaub. Die Zweibeiner rennen herum, packen Sachen in große Kisten, „Koffer" sagen sie dazu. Obwohl ich eigentlich noch viel zu müde bin - welcher Deerhound von edlem Geblüt steht denn vor halb zehn am Morgen auf ? - erhebe ich mich und schwanke verschlafen die Treppe herab. Geräuschvoll lasse ich mich in meinem Körbchen im Flur nieder. Von hier aus kann ich alle ihre Aktivitäten beobachten. Ein gewisses Misstrauen bleibt, nach all´ dem, was man so in diversen Fernsehsendungen sieht. „Angebunden an einer Autobahnraststätte", heißt es da oder „einfach daheim vergessen". Um Letzteres schon einmal auszuschließen, lege ich mich eben dahin, wo mich niemand übersieht. Das mit der Autobahn, ich denke, Frauchen würde das nie machen, auch nicht dann, wenn ich, wie zurzeit, heiß bin, was immer das bedeutet. Sie sagt oft, ich sei nun zum letzten Mal heiß. Nein, nie und nimmer würden meine Zweibeiner das tun, selbst wenn ich manchmal komische Sachen mache und noch viel heißer würde. Meine Menschen sind fast so nett wie Deerhounds!

Ob wir wieder in dieses kleine Häuschen nach Holland fahren? Es war ja ganz nett da, aber ich ziehe ein geräumiges Haus mit eigener Couch vor. Der Deerhound hat ganz einfache Bedürfnisse – einfach immer das Beste!

Herrchen fährt. Das bedeutet meist etwas mehr Schaukelei, er ist nicht so vorsichtig in den Kurven.

Eine Pause – kenne ich schon, ich soll rasch meine Bedürfnisse verrichten. An dieser komischen Stelle haben vor mir schon so viele markiert, dass ich eigentlich erst eine Stunde lesen müsste, aber ich mache rasch erst einmal einen Bach und ziehe dann gekonnt in die Richtung, wo die anderen Leute alle stehen und zusehen können. Das ist ein ungeschriebenes Hundegesetz: „Mache deinen Haufen immer dann, wenn möglichst viele Menschen zusehen, beobachte den Gesichtsausdruck deines Herrchens oder Frauchens. Es lohnt sich!" Der Mensch ist leicht in Verlegenheit zu bringen!

Frauchen zerrt mich rasch wieder in die andere Richtung, aber ich bleibe hart. Nein, da mache ich nicht. Herrchen winkt vom Auto aus mit etwas Essbarem. Ich setze meine ganze Überzeugungskraft ein und ziehe Frauchen hinter mir her – nix wie hin. Der Deerhound spürt immer, wann er konsequent sein muss!

Ich bekomme ein Käsebrot und Leckerchen. Ich habe Durst. „Bestimmt hast du Durst", sagt Frauchen in diesem Moment. Sie ist schon gut erzogen, finde ich. Sie gießt etwas klare Flüssigkeit in meinen Napf, ich stecke meine Zunge hinein und - „bäh" das kann doch kein Hund trinken. Es kribbelt an der Zunge, bestimmt ist es dieses brausende Wasser, das die Zweibeiner immer trinken. Igitt! So eine Unverschämtheit. Der Deerhound bevorzugt Brunnenwasser oder modrige Teichflüssigkeit, vielleicht auch Pfützen- oder Brackwasser, aber niemals Sprudelzeug. Merkt euch das!

Frauchen hantiert mit einer Karte, das verheißt nichts Gutes. Die Stimmen werden lauter, Frauchen verlangt nach einem Navigationssystem. Ich glaube, das ist das, was wir Hunde von Geburt an im Kopf haben. Endlich kommen wir an und ich glaube, hier war ich schon einmal. Wasser und viele Autos, ein großes Ding, eine Fähre … jetzt weiß ich es, wir fahren auf diese „Insel". Vor einiger Zeit waren wir auch dort, aber nur ganz kurz. Wir haben da Freunde besucht, die auch wunderschöne Deerhounds haben, na ja, fast so schön wie ich. Bestimmt sind die anderen Menschen und Hunde auch da und wir besuchen sie. Komisch, warum brauchen wir dazu so viele Sachen??? Der Deerhound weiß gern, was ihn am Ende einer Reise erwartet!

Wir schippern übers Wasser – das kenne ich schon. Heute darf ich aber nicht raus und überall gucken. Dabei sind gerade nun so viele Hunde, Kinder mit Eis in der Hand und Zweibeiner mit Käsebroten unterwegs. „Wir bleiben schön hier drin. Wanda ist heiß und es ist ja so viel los", erklärt Frauchen und Herrchen fällt mir auch noch in den Rücken: „Den Geruch von Erbsensuppe brauche ich nicht." Ich will gar nicht heiß sein und der Geruch von Essen kann mich nicht irritieren, aber auf mich hört ja wieder einmal keiner. Na, immerhin geht Frauchen los und besorgt mir Wasser ohne Sprudelperlen. Sie setzt sich sogar zu mir hinten ins Auto und krault mir die Ohren und den Bauch. Der Deerhound ist niemals lange beleidigt, wenn man sich bei ihm für gewisse Unannehmlichkeiten entschuldigt!

Endlich sind wir wirklich da. Oh, da ist ja das Haus, das ich schon kenne! Ob die anderen schon warten? Vielleicht lassen sie mich diesmal sofort auf die Couch, schließlich bin ich ja nun schon Stammgast. Doch in dem Haus ist niemand. Wir sind ganz allein. Frauchen zeigt mir meine

Couch. Sie ist riesig. Jetzt sage ich euch was, wisst ihr, wie ein Urlaub aussehen muss, damit er dem Deerhound gefällt? Nein? Meine Zweibeiner wissen es:

Ein Spaziergang am Meer, Frauchen wirft Leckerchen mit dem Wind und ich fange sie. Wir liegen auf der Couch und jeder hat viel Platz für sich. Im Garten sind echte Kaninchen – na ja, Frauchen sagt zwar, die seien nicht mitgebucht, aber ich beobachte sie doch und sogar ein Fasan. Herrchen kocht Spaghetti und ich bekomme eine gute Portion davon. So muss ein Urlaub aussehen, dann klappt's auch mit dem Deerhound!

Sonntag, 24. April

Auch heute kommt kein Besuch – wir haben tatsächlich das große Haus, den Garten und die Kaninchen für uns ganz allein. Ein fauler Tag ist das. „Wir sind alle von der Reise erschöpft", sagt Frauchen. Das stimmt. „Seeluft macht hungrig und müde", auch diesen Satz kann ich nur unterschreiben. Der Deerhound stimmt gern zu, wenn es ums Essen und Schlafen geht!

Den Strand und das Meer kenne ich ja schon. Herrchen wirft wieder begeistert Bälle und ich renne ihnen hinterher. Aber natürlich nur vier- oder fünfmal, schließlich will ich ja meine Würde nicht verlieren. Der Deerhound strahlt eine gewisse Arroganz aus!

Den ganzen Tag stecken die Zweibeiner ihre Nasen in Bücher. Ab und zu seufzt einer von ihnen und beschwert sich darüber, dass er nicht mehr weiß, wie er liegen soll. Auch dieses Problem ist dem Deerhound nicht unbekannt – aber er beschwert sich nicht!

Am Nachmittag stehen zwei Menschen vor unserem Garten, sie haben einen Irish Wolfhound dabei und erkennen in mir sogleich den Deerhound. Leider darf ich aber nicht mit dem Wölfchen spielen, er ist ein stattlicher Jungrüde, gerade mal acht Monate, den hätte ich mal so richtig zurechtweisen können, aber als Frauchen sagt, ich sei heiß, flüchten die Leute mit dem charmanten Giganten sogleich. Frauchen ist ein Spielverderber. Mir ist kein bisschen heiß. Der Deerhound stammt aus Schottland und ihm ist schnell heiß, aber er _ist_ niemals heiß!

Am Abend gibt es schon wieder Nudeln. Gestern hatte Herrchen die Nudeln zubereitet und da waren sie zu scharf. Heute hat sich Frauchen daran versucht, aber nun sind sie zu „laff" – das sind zumindest Herrchens Worte. Dann schweigen meine Menschen ein wenig und Frauchen funkelt Herrchen an, während er feixt und kaut. Also eigentlich könnte ich ja dann mal morgen kochen, so gut wie meine Dosenöffner kriege ich das bestimmt auch hin. Ich könnte sogar die Zutaten selbst fangen, Rehrücken oder Hasenbraten oder gefüllten Fasan. Der Deerhound hat ein fundiertes Wissen und kennt sich überall aus!

Montag, 25. April

Herrchen ist heute ganz früh aus dem Haus gerannt. Ich dachte, ich sollte ihm vielleicht helfen. Wenn er ein Reh jagen wollte, könnte er Hilfe gebrauchen, denn er ist nicht gerade schnell. Doch er lässt mich einfach zurück. Die Menschen sind manchmal zu dumm. Sie glauben, sie seien die Krone der Schöpfung und diese Art der Kopfbedeckung verleihe ihnen Weisheit. Aber manchmal macht so ein Dings auf dem Kopf auch nur einfach einen schweren Schädel. Der Deerhound braucht keine Krone – er ist das Sahnehäubchen der Schöpfung!

Am Vormittag fahren wir zu einem Leuchtturm. Der ist unglaublich alt und schief. Er hat mich nicht sonderlich beeindruckt. Herrchen findet ihn überflüssig „es hat doch heute jeder GPS", erklärt er. Frauchen nickt und ich bin beeindruckt. Ob ich dieses GP-Dings auch habe? Was man damit wohl macht? Wenn es dieses Dings ist, mit dem die Menschen Orte finden, dann haben wir das auch. Der Deerhound hat so einiges zu bieten – bestimmt auch GPS!

Auf der Rückfahrt halten wir an einem riesigen Haus und meine Zweibeiner verschwinden darin. Ich kenne das schon. Da jagen sie ihr Essen, glaube ich und alles, was sie so brauchen. Wenn ich Glück habe, dann würde für mich auch was dabei sein. Ich würde zu gern mal in so ein Haus gehen. Das ist eins der letzten Mysterien für uns Hunde, sozusagen unsere Akte X. Wie mag es dort aussehen? Der Deerhound wird es irgendwann schaffen, dieses Rätsel zu lösen!

Am Nachmittag gibt es wieder die üblichen Strandspiele. Diesmal bei einem erstaunlichen Wind, der selbst mir, einem Windhund, Schwierigkeiten beim Manövrieren bereitet. Der Abend verspricht eine Abwechslung. Herrchen bereitet Lachs zu und Frauchen gibt etwas Butter in meine Futterschüssel – ich bin begeistert. Das verspricht ein echter Hundeabend zu werden. Der Deerhound weiß gutes Essen und gute Gesellschaft zu schätzen!

Dienstag, 26. April

Heute hätte ich fast den Tierschutz angerufen, aber ich kam nicht ans Telefon. Die Tasten sind ja auch so unpfotlich zu bedienen und da wir Hunde nicht über einen opponierbaren Daumen verfügen, können wir auch den Hörer nicht halten. Selbst aber, wenn alle diese Hürden nicht bestanden hätten, ich wäre viel zu schwach gewesen um irgendetwas zu halten und zudem so außer Atem, dass mich, wäre ich grundsätzlich in der Lage gewesen zu reden, mich doch niemand verstanden hätte. Herrchen und Frauchen besteigen also in aller Frühe so komische Sessel, die fahren los, wenn man mit den Beinen auf merkwürdige Dinger tritt – Fahrrad heißen diese Stühle. Ich werde einfach angeleint und soll hinterherlaufen. Der Deerhound ist ja bekanntlich ein Windhund und braucht seinen täglichen Auslauf!

Nach einiger Zeit darf ich ohne Leine laufen. Die Zweibeiner fahren einfach weg, sie warten nicht einmal, wenn ich schnüffeln will oder meine Geschäfte verrichten möchte. Es bleibt mir keine andere Wahl, ich verzichte auf meine hundlichen Bedürfnisse, ich muss hinterher. Zunächst geht es auch noch ganz gut, Frauchen fährt langsam und schaut immer, ob ich auch mitkomme. Dann aber wird sie schneller, so dass ich sogar im Galopp laufen muss. Nach einiger Zeit machen wir eine Pause in den Sanddünen. Also ich ahne da noch nicht, dass wir denselben Weg wieder zurückmüssen, ich gehe davon aus, dass die beiden nun ordentlich, wie es sich für einen Zweibeiner gehört, mit den Füßen und nicht auf Rollen den Rückweg antreten würden. Doch die beiden steigen wieder auf diese Fahrräder und es geht in schnellem Tempo wieder den langen Weg zurück. Eine halbe Stunde hin und eine halbe Stunde zurück. Dabei muss ich mir die tollsten Beleidigungen und Scherze über Windhunde anhören und ich glaube die ganze Zeit, mein Herz würde zerspringen. Der Deerhound von heute ist kein Marathonläufer!

Wieder im Haus angekommen trinke ich die Wasserschüssel leer und falle zu Boden. Ich weiß nicht mehr, wie lange ich dort hechelnd liege, aber es vergehen Stunden oder zumindest eine Stunde, bis mein Atem sich beruhigt hat. „Das sollten wir jeden Tag machen", schlägt Frauchen vor, aber sie grinst dabei und kneift ein Auge zu und dann weiß ich immer, sie meint es nicht ernst. Aber einen Schreck habe ich doch bekommen. Der Deerhound hat Beine und keine Rollen – er ist nicht angewiesen auf derlei Schnickschnack wie Fahrräder!

Am Nachmittag sind Rehe und einige Hasen im Garten. Frauchen zeigt sie mir, ich sehe sie durchs Fenster im Garten stehen. Ich laufe durch die geöffnete Terrassentür und

erspähe ein Häschen. Frauchen folgt meinem Blick und
ruft mich. In der Hand hat sie meinen Lieblingskäse – einen hervorragenden Parmesan. Einen Moment zögere ich,
doch dann siegt der Gourmet in mir über den Jahrhunderte
alten Jäger und ich wähle das Molkereierzeugnis. Ich bin
mit der Wahl zufrieden. Frauchen lobt mich und ich habe
mich nicht blamiert, denn leider sind die Häschen meist
schneller und der Käse ist grandios. Der Deerhound ist ein
schlauer Hund und trifft meist die richtige Wahl!

Mittwoch, 27. April

Zum Glück sind wir heute nicht mit dem Fahrrad gefahren.
Es ist eigentlich gar nicht viel passiert. Meine Zweibeiner
sind heute ausnehmend faul. Na, es ist auch ein ziemlich
feuchtes Wetter. Wir werden bei unserem Morgenspaziergang nass bis auf die Knochen. Darum bringen wir den
Rest des Tages fast ausschließlich drinnen zu. Meine Menschen lesen, ich döse – alle auf der Couch. Am Abend gibt
es dann fast wieder Kaninchen. Frauchen ruft „Wanda, wo
ist das Häschen?" Ich springe von der Couch auf und sehe
es sofort durch die Fensterscheibe. Es sitzt im Garten und
mümmelt Grashalme. Herrchen schimpft „nun bring ihr
doch nicht das Jagen bei!" Also da muss ich doch mal la-
chen. Frauchen bringt mir ja eine Menge bei und ich ihr
übrigens auch, aber das Jagen liegt dem Deerhound im
Blut, das bringen uns die Menschen bestimmt nicht bei!

Donnerstag, 28. April

Herrchen denkt wohl heute sei Aktivität angesagt. Er
springt um sieben Uhr am Morgen in seine Schuhe, mit

denen er nicht normal gehen kann, sondern immer rennen muss. Er legt mir das Halsband um und spurtet los. Ich laufe ein paar Meter mit, aber dann erkenne ich seine Absichten. Ich habe wirklich keine Lust hinter ihm herzurennen. Ich renne, wenn ich Lust dazu habe, ansonsten schnüffle ich, erledige meine Geschäfte und treffe Kollegen, spurte hinter Häschen und Rehen her – aber der Deerhound weiß: Alles zu seiner Zeit!

Nach einigen Minuten bereue ich fast, im Haus geblieben zu sein. Frauchen rückt mit diesem lärmenden Gerät an, das den Staub schluckt. Ich lege mich vorsichtshalber auf die Couch, man weiß ja nie, was dieses gierige Teil alles so ansaugt und runterschluckt. Der Deerhound ist der modernen Technik gegenüber aufgeschlossen, aber durchaus distanziert!

Wir fahren wieder zu diesem komischen schiefen Leuchtturm und anschließend zum Einkaufsbummel. Der Ort ist angefüllt mit Kindern, die über die Geschäfte herfallen wie Heuschrecken. Ab und an verschwindet Herrchen oder Frauchen in einem dieser Häuser. Ich muss natürlich draußen warten. Na, wenn sie mir etwas Nettes mitbringen, will ich nichts dagegen haben. Der Deerhound ist großzügig!

Am Abend gibt es den üblichen Spaziergang und Schellfisch mit Spinat und Kartoffeln. Von den Kartoffeln bekomme ich zwei Stück mit Sauce. Herrchen ist ein guter Koch, das muss ich zugeben. Natürlich steht mein Angebot noch, das mit dem Hasenbraten und dem Rehrücken. Aber ich glaube nicht, dass dies ernsthaft in Erwägung gezogen wird, denn ich bin in einem Haushalt von Vegetariern gelandet, die allenfalls Fisch verspeisen. Fische aber jage ich nicht. Nun, ich denke, ich bin meinen Menschen zwar nicht von jagdlichem Nutzen, so wie es meine Vorfahren waren, aber die hatten auch keine Zweibeiner, die nach Lachs oder anderen Kiementieren gejagt haben. Der Deerhound ist anpassungsfähig, aber nur in Maßen!

Freitag, 29. April

Es regnet. Zum Glück warten wir mit unserem Morgenspaziergang, bis es aufklart und wir frühstücken ausgiebig. Ein Ei bekomme ich leider heute nicht, aber immerhin gibt es Butter und Trockenfutter. Danach wälzen wir uns alle auf der Couch herum und lesen, schlafen oder dösen. Ich atme Frauchen ins Ohr, aber sie hält es aus, erstaunlich, mir würde das unbehaglich sein. Der Deerhound ist sensibel aber nur, wenn er es ist, der einstecken muss!

Ansonsten ist nicht viel geschehen – essen, spazieren, schlafen – Urlaub ist schon etwas ganz Besonderes. Es gefällt mir auch ganz gut, nur vermisse ich meine Freunde und mein Körbchen, auch wenn die Couch hier viel größer ist, als meine daheim. Ich glaube, wir haben den Urlaub bald geschafft, meine Menschen haben die Bücher ausgelesen und die Essensvorräte gehen zur Neige und wenn ich recht gehört habe, haben wir noch zwei Tage und dann geht es wieder heim. Der Deerhound liebt sein Heim – my home is my castle!

Samstag, 30. April

Die Tage sind sich so ähnlich, dass ich gar nicht viel zu berichten weiß. Nach dem Morgenspaziergang, natürlich am Strand, sind meine Zweibeiner dann ganz allein verschwunden. Ich solle aufpassen, sie seien gleich zurück, hat Frauchen zu mir gesagt. Erst habe ich mit der Nase etwas gegen die Tür gestupst, aber dann sind sie wirklich weggefahren. Die ganze Zeit habe ich auf der Couch gelegen und gehofft, dass keine Einbrecher kommen. Ich weiß gar nicht, wie man sich denen gegenüber verhält. Ich habe gehört, dass ein Wachhund bellt und dann die Einbrecher stellt. Darunter kann ich mir nicht viel vorstellen. Ich kenne Fuß, Platz und Bleib, auch Steh ist ein geläufiger Begriff. Was es aber bedeutet einen Zweibeiner zu stellen, das weiß ich nicht. Plötzlich höre ich ein Geräusch. Das Gartentor geht auf - Gott sei Dank, es sind meine Menschen. Der Deerhound bellt nicht und er stellt nicht, schon gar keine Einbrecher!

Sonntag, 1. Mai

Wie sich sicher alle denken können, haben wir auch heute das getan, was man im Urlaub eben tun muss. Am Strand ist es voll. Boote, Pferde, Kinder mit Bällen, Frauen mit Stöcken in der Hand. Es sind wenig Hunde da, einige Labradore und ein Borderterrier, der ganz plötzlich angelaufen kommt. Ich spiele ein wenig mit ihm, setze meine Pfoten auf ihn und Frauchen ruft mich zu sich, wahrscheinlich hat sie wieder Angst, ich würde der „Fußhupe" (das Wort ist von ihr, nicht von mir) etwas zuleide tun. Der Terrier saust davon, um sogleich wieder herangeschossen zu kommen – soviel zum Thema „armer kleiner Hund". Der Deerhound ist ein großer armer Hund, aber niemand auf der Welt würde das jemals merken, geschweige denn sagen. Ich würde es nur ein einziges Mal im Leben so gerne hören!

Am Abend sind meine Menschen dann wieder verschwunden. Auch diesmal brauche ich niemanden zu stellen. Als sie zurückkommen, haben sie Essensgerüche an sich – mmmpf, das kränkt mich immer ein wenig, wenn sie ohne mich ausgehen. Der Deerhound ist ein angenehmer Gesellschafter und blamiert seine Menschen nur selten!

Montag, 02. Mai

Der Urlaub ist scheinbar beendet. Die Zweibeiner kramen in den Schränken herum und packen viele Sachen in die Koffer. Ich lege mich vorsichtshalber unauffällig, so unauffällig dies bei meiner Größe möglich ist, in den Weg, damit mich keiner vergisst. Der Deerhound ist im Hause unauffällig, allerdings liegt er auffallend oft dort, wo die Zweibeiner dann über ihn fallen!

Die Fahrt ist langweilig, so wie es jede Hin- oder Rückreise nun einmal ist. Unterbrochen wird sie nur für eine Gassipause. Herrchen und Frauchen essen Lachsbrote und ich bekomme natürlich auch ein Stückchen Brot mit Fisch. Eine nette Dame kommt auf uns zu und fragt Frauchen, was für einer Rasse ich denn angehöre. Einen Deerhound habe sie noch nie gesehen, staunt sie und streichelt mir über den Kopf. Sie bewundert mich und will natürlich noch einige Details über Herkunft und Ansprüche bei der Haltung wissen. Frauchen kennt sich aus und erklärt der netten Frau alles. Sie macht das ganz gut, nur diesmal vergisst sie zu erwähnen, dass meine Vorfahren den Adligen vorbehalten waren. Ein kleiner Denkzettel dafür muss sein und so lasse ich mir ein wenig später mit meinem großen Geschäft richtig Zeit. Es sind ganz viele Leute auf dem Parkplatz die uns sehen können und Frauchen fühlt sich so schön beobachtet, das muss ich auskosten. Zu guter Letzt fängt es an zu regnen und so erledige ich mein Geschäft doch unbeobachtet. Auch ein Deerhound kann nicht immer gewinnen!

Das war also mein zweiter Urlaub. Es war ja ganz schön, aber auf dem eigenen Sofa liegt es sich doch bequemer. Bestimmt sehe ich jetzt bald meine Freunde wieder und alle

werden mich beneiden, weil sie nicht im Urlaub waren. Es
wäre schön gewesen, wenn ich sie alle hätte mitnehmen
können, aber dazu war das Haus dann doch zu klein, vom
Auto ganz zu schweigen. Ich bin jetzt schon gespannt,
wohin die nächste Reise geht. Ob es auch Urlaub ohne
Meer und Sand gibt? Der Deerhound liebt die Wellen und
den Wind, aber was ist all´ der Luxus im Urlaub gegen die
heimelige Atmosphäre daheim. Ein stilles Plätzchen in
einer Ecke, ganz anspruchslos, allerdings sind weiche Kissen von Vorteil, ein paar Decken, Leckerchen und Streicheleinheiten, regelmäßig ausgedehnte Spaziergänge und
viel Zeit zum Schlafen und die eigene Couch ist ein absolu-
tes Muss. Aber sonst, ganz anspruchslos so ein Deerhound!

Wanda-Urlaub in der Normandie
23. bis 30. September 2006

Samstag, 23. September

Nein – nicht schon wieder! Wir waren doch schon zweimal im Urlaub. Jetzt geht das wieder los. Meine Zweibeiner packen emsig Sachen in große Taschen, Frauchen schimpft mit Herrchen und Herrchen beschwert sich, dass Frauchen ihm immerzu Einzelteile anreicht, die unbedingt noch mitgenommen werden müssen. „Diese Decke braucht Wanda noch." Frauchen spricht mir aus der Seele, meine Lieblingspfötchendecke riecht gut und ist so herrlich weich. „Wie soll denn der Hund da noch ins Auto passen?", schnauft Herrchen. „Entweder der Hund bleibt hier oder die Decke." Erleichtert atme ich auf, als ich Frauchen sagen höre: „Gut, die Decke bleibt hier." Ach, der Mensch, der treue Freund des Hundes. Zugleich denke ich, dass Herrchen sich ruhig einen noch größeren Wagen hätte kaufen können, schließlich will ja ein Deerhound sein Equipment mit in den Urlaub nehmen!

Ich wusste es, die Fahrt ist lang und es gibt nur eine kurze Unterbrechung. Natürlich verlangt man von mir nach drei Stunden klaglos ertragener Fahrt, dass ich innerhalb von Sekunden bereit bin für die Weiterfahrt, meine Geschäfte erledige und meine müden Knochen wieder sortiere. Für die Menschen gibt es Käsebrote, Espresso und auch noch Schokolade. Die Zweibeiner machen ihre Geschäfte in einem separaten Häuschen, mein Essen soll ich aus einem Plastikbecher entnehmen, ich bekomme Leitungswasser aus einer Plastikflasche und ich soll auf eine Toilette machen, in die schon Tausende von Hunden vor mir gemacht haben – und – ich bin an der Leine, mehr muss ich wohl nicht sagen. Gut, ich mache dann irgendwann und wir steigen wieder ins Auto. Danach fährt Frauchen und ich muss sagen, sie fährt diesmal nicht vorsichtiger als Herrchen.

Einige unendliche Stunden später, scheinen wir angekommen zu sein. Eine nette blonde junge Frau begrüßt uns und ein großer, grauer Irischer Wolfshund kommt des Weges. Scheint ziemlich alt zu sein. Frauchen merkt an, dass ich zu Rüden nicht sehr nett sei, aber ich bin da ganz anderer Meinung. Wenn ein Herr sich zu benehmen weiß, dann bin ich sehr wohl nett. Wir beschnuppern uns kurz und gehen dann unserer Wege, eben Small-Sniff, wie der Brite sagt. Aber einige Exemplare stecken die Nase eben zu tief hinein und dann gibt es ein Echo. Doch dieser Wolfhound ist ein Kavalier der alten Schule. Er legt sich hin und ich ignoriere ihn. Die Welt kann ja soooo einfach und schön sein. Die nette blonde Frau zeigt uns das Schloss und auch die Räume, in die ein Deerhound – oder alle Hunde? – nicht darf.

Nachdem wir ausgepackt haben und mir Frauchen erklärt hat, dass ich, obwohl wir drei Schlafzimmer haben, in kein einziges Bett darf, gehen wir spazieren. Wir erkunden das Terrain des Schlosses. Die nette junge Frau, die uns vorhin so lieb begrüßt hat, kommt uns entgegen und sagt, ich sei viel zu dick. Frauchen erzählt was von Kastration und Gewicht an der oberen Grenze, als wenn das jemanden was anginge. Dann gehen wir weiter. Zehn Hektar sind ganz schön groß. Es gibt sogar einen Schlossteich, in den ich sogleich hineinsteige. Eine Ente ist auch schon drin, die aber keinen Wert auf meine Bekanntschaft legt. Frauchen entdeckt ein Boot, und schwupp, sitzt sie schon drin. Auf dem Boden des Kahns ist Wasser zu sehen und Herrchen warnt bereits vor einer drohenden Schiffskatastrophe. Vorsichtshalber steige ich dazu, um Frauchen von ihrem irrwitzigen Vorhaben abzubringen. Zum Glück folgt sie mir wieder aus dem wackeligen Boot und macht stattdessen viele Fotos, angeblich, um die Hunderunde daheim neidisch zu machen. Wir haben hier immerhin 10 Hektar Renngelände und auch einen eigenen Coursingplatz.

Am späten Nachmittag sind die anderen Hunde im Garten: Neun Wolfhounds und ein Greyhound. Ich stehe am Fenster und will zu ihnen, aber ich darf nicht, es sei zu gefährlich. Sie sind ein Rudel und ich würde von ihnen gejagt oder Schlimmeres. Nicht einmal Frauchen darf zu ihnen. Tagsüber sind die Hunde in einem Hundezimmer, erst am Abend und am frühen Morgen, wenn keiner mehr im Garten ist, dürfen sie raus. Zwei von ihnen sind so nett, dass sie auch zu mir dürfen, aber niemals alle. Schade. Ich mag die großen Grauen, ich bin doch eine von ihnen.

Herrchen kocht heute Risotto mit Steinpilzen. Frauchen sagt, ich bekomme etwas ab, wenn was übrig bleibt, aber es ist wohl so gut, dass die beiden sich alles einverleiben. Ich gucke in die Röhre. Na – immerhin darf ich auf die Couch. Dafür bin ich wohl doch nicht zu dick. Pah, ich bin nicht dick, ich bin nur stark gebaut und habe eben viel Fell. Die spinnen die Franzosen.

Iss, wenn Du Hunger hast und frag nach dem Geschmack, nicht nach der Taille. (Wandische Redensart)

Sonntag, 24. September

Kein guter Tag! Aber ich erzähle besser von Anfang an. Nach einem ausgiebigen Frühstück wandern wir in Richtung Schlossgarten. Vor dem Schloss sitzen Leute, sehr nette Zweibeiner, sie haben zwei Wolfhounds dabei und einen kleinen schwarzen Mischling. Auch zwei Menschen ohne Hund sind dabei, aber sie sind trotzdem nett. Die beiden Wolfhoundrüden sind ziemlich aufdringlich, natürlich sage ich ihnen direkt einmal Bescheid, einer der beiden will mich besteigen, und ich erkläre ihm, dass man das mit mir nicht macht, naja, ich habe schon ein wenig deutlichere Worte benutzt, aber die werde ich hier lieber nicht wiedergeben. Die beiden Jungs verstehen scheinbar nur sehr langsam, und ich muss mich ständig wiederholen. Irgendwann kehrt Ruhe ein und ich schleiche zu den Zweibeinern, die mich netterweise kraulen und einem darf ich sogar am Kinn knabbern. Der nette kleine Mischling ist schon 17 und hat gerade einen Schlaganfall überlebt, erfahren wir noch, dann drängt Frauchen wiederholt zum Aufbruch.

Als wir gerade um das Schloss herum sind, hören wir ein ganz furchtbares Geschrei, der kleine Hund quietscht, Angstschreie von Menschen, tiefe Knurr- und Belllaute ... alles durcheinander. Wir gehen weiter, bloß nicht zurück, denke ich. Aber Frauchen und Herrchen sind genauso erschreckt wie ich. „Das war bestimmt der kleine Hund. Die großen Grauen sind irgendwie raus gekommen und sind über ihn hergefallen", mutmaßt Frauchen. Wir drehen noch eine kleine Runde und begegnen den Leuten ohne Hund, die wir zuvor gerade kennen gelernt haben. Sie erzählen uns, was geschehen ist. Der Schlossbesitzer wollte zwei seiner Hunde zu den beiden Wolfhoundrüden lassen, damit sie sich einmal kennen lernen. Der Rest des Rudels stand jedoch so dicht hinter der Tür, die nur einen Spalt breit geöffnet wurde, dass sie die Tür aufdrückten und direkt über den kleinen, schwarzen, alten Mischling herfielen. Er musste direkt zum Arzt gebracht werden, überall war Blut. Er musste an drei Stellen genäht werden, hat es zum Glück überlebt. Aber es ist ungewiss, ob seine Blase unbeschadet geblieben ist. Frauchen und Herrchen sind erschüttert. Ausgerechnet der nette kleine Hund, der gerade erst den Schlaganfall verkraftet hat. Jetzt weiß ich, dass ich besser nicht hinausgehe, wenn die Grauen draußen sind.

Am Mittag hören wir schon wieder Geschrei und Knurren und Bellen. Die beiden Wolfhounds sind mit ihren Zweibeinern vor dem Haus, die neun Grauen sind auch da, die Frau hält sich den Rücken. Die Grauen waren wieder draußen, und das Frauchen mit den beiden Wolfhounds unglücklicherweise auch. Sie laufen zu ihnen und gehen auf die beiden los, und auch auf die Frau. Den beiden Wölfchen müssen beim Tierarzt ihre Wunden geklammert werden und ihr Frauchen hat eine Bisswunde im Hinterteil. Frauchen und Herrchen finden das Ganze nicht mehr lustig. Nein, das ist es wirklich nicht.

Am Abend fahren wir mit dem Auto ein Stück raus, Frauchen hat Angst, im Schlosspark spazieren zu gehen. Leider darf ich bei diesem Spaziergang nicht von der Leine – obwohl es überall freie Felder gibt, wo sich der ein oder andere Hase versteckt. Doch es gibt überall Jäger mit Hunden und Flinten, man hört sie schießen. Blöde Art zu jagen. Ich kann das viel besser, aber mich fragt ja wieder niemand. Wir sehen zusammen „Tiere suchen ein Zuhause" und dann kocht Frauchen für uns Nudeln mit Tomatensauce – wenigstens etwas Schönes, und ich bekomme auch etwas davon.

Als es an der Zeit ist, schlafen zu gehen, bin ich verwirrt, denn meine Zweibeiner schlafen in getrennten Zimmern. Die Betten sind so klein, dass Herrchen quer im Bett liegen muss und es knarrt so laut, wenn man sich dreht, dass der andere immer aufwacht. So liegen nun beide quer in ihrem eigenen Bett. Ich ziehe die Couch vor, denn die ist weich, bequem und macht keine Geräusche.

Beginne den Morgen ausgeschlafen mit einem ausgiebigen Frühstück, gehe streitlustigen Gesellen aus dem Weg und beende den Tag mit einem guten Freund und einem Stück Parmesan. (Wandische Redensart)

Montag, 25. September

Heute suchen wir das Meer. Wir haben eine Stimme im Auto, die uns sagt, woher wir fahren müssen. Sie kennt sich gut aus und zügig kommen wir voran. „Ich rieche das Meer", ruft Frauchen plötzlich und öffnet die Fenster. Auch ich rieche es, das Meer kenne ich schon gut. Es ist salzig und bewegt sich immer hin und her. Irgendwann ist man so weit gereist, dass einem nicht mehr viel Neues geboten werden kann. Wir laufen am Strand von St. Aubin-sur-Mer entlang und spielen mit dem Quietschbällchen. Nach einigen Metern rasten wir und betrachten das Meer. Leider hat Frauchen keine Kekse und keinen Kaffee dabei, nur etwas Wasser. Herrchen beschwert sich, dass es für ihn kein Wasser gibt. Dabei hat Frauchen ihm angeboten, aus meinem Napf zu trinken, und ich hätte auch nichts dagegen gehabt.

Auf dem Rückweg schlendern wir an der Strandpromenade entlang. Vor einem feinen Hotel steht eine junge Frau, die uns nett anlächelt. Sie kommt auf uns zu und deutet auf mich, wobei sie etwas vollkommen Unverständliches sagt. Frauchen erklärt, sie könne kein Französisch und es wird Englisch gesprochen. Die nette Dame erklärt, dass so ein Hund wie ich schon immer ihr Traum gewesen sei. Das glaube ich ihr sofort, schließlich ist der Deerhound ein Aristokrat und von einzigartiger Schönheit, Eleganz und Würde. Sie erläutert weiter, dass der Erwerb eines Deerhounds bisher am Protest ihrer Familie gescheitert sei. Sie fänden uns nicht ästhetisch. Das muss man sich einmal überlegen, nicht ästhetisch. Gern hätte ich die Bagage einmal gesehen, bestimmt waren die selbst nicht gerade ästhetisch. Die arme nette Dame musste ihr Leben mit so einem unkultivierten Haufen verbringen. Ein Leben vergeudet an die Unästhetik! Plötzlich schiebt sich ein kleiner grauer Hund mit langen Schlappohren und Hängelidern, aus denen rotumrandete Augen schauen, durch die Hoteltür und strebt auf uns zu. Kurz vor mir bremst er ab, wir beschnüffeln uns kurz und die Dame sagt noch, dass dies ihr Hund sei. Die Farbe und das Fell stimmten ja immerhin schon einmal, alles Weitere würde sich finden. Ich bin entsetzt, so eine Strandpromenadenmischung, ein Fußfeudel, so einer sollte ästhetisch sein und ich nicht? Benehmen hat er auch keins, denn kaum sind wir ein paar Schritte gegangen, setzt er uns giftig bellend nach und ich rette mich mit einem Sprung nach vorn, was wiederum einige Spaziergänger erheitert. Es gibt eben nur ganz selten wirklich nette Menschen mit Geschmack, aber es gibt sie.

Auf dem Rückweg kaufen meine Zweibeiner in einem großen Supermarkt ein, natürlich muss ich im Auto warten. Ich mag das nicht, aber immerhin kann ich etwas schlafen und von den schönen Dingen träumen, die mir mitgebracht werden. Ich habe nicht umsonst gewartet, denn es gibt leckeres Abendessen. Meine Zweibeiner essen Tarte im eigenen eingezäunten Garten und ich bekomme ein paar Straußensehnen, auf denen man so phantastisch herumkauen kann. Ich trabe über die Wiese und da werde ich von den Wolfhounds entdeckt, die im Schossgarten sind. Sie stürzen ans Tor, bellen ganz laut und knurren. Frauchen greift mir ins Halsband und geht mit mir einen großen Bogen in Richtung Kellereingang zum Haus. Die Hunde versuchen zu folgen und Herrchen ruft uns zu, wir sollen schnell ins Haus gehen. Das tun wir natürlich. Das Gartenareal ist zwar eingezäunt, aber vielleicht gibt es Löcher im Zaun oder in der Mauer. Mit den Wölfen ist nicht zu spaßen. Es ist aber auch nicht weiter schlimm, dass wir hineingehen, denn es gibt Abendbrot. Und dazu ruft ein Waldkauz sein schauriges Huuuuuuu-Huh-Huh-Huuhhhhhhhh. Die Beute des Tages wird geteilt. Für die Zweibeiner gibt es Camembert und Baguette und ich bekomme leckere Fleischstückchen in Sauce und Trockenfutter.

Das Meer ist überall salzig – kennst du eins, kennst du alle. (Wandische Redensart)

Dienstag, 26. September

Es gibt Croissants zum Frühstück. Aber als Frauchen sie aufbacken will, fliegt die Sicherung raus. Herrchen behebt den Schaden und der Ofen wird abermals angeschaltet, mit demselben Effekt. Das geht so einige Male hin und her, bis auf das Aufbacken verzichtet wird. Ich bekomme auch ein Stück und finde es sehr schmackhaft, könnte mir aber vorstellen, dass es mit etwas Butter noch vollkommener munden würde.

Direkt nach dem Frühstück werde ich genötigt, im Garten meine Geschäfte zu verrichten. Ich gehorche brav und erhalte dafür ein wenig Quark mit Trockenfutter. Dann geht es hopp-hopp ins Auto. Eigentlich könnte dies ja ein Urlaub im Auto sein, ich weiß gar nicht, wieso wir dies teure Haus mit der bequemen Couch darin bezahlen, wenn wir nie dort sind.

Es geht zu den Gärten von Giverny. Eine unendlich lange Fahrt, wir sind fast zwei und eine halbe Stunde unterwegs. Ein berühmter Maler namens Monet hat hier einen

Garten angelegt und viele schöne Bilder gemalt. Ob er auch einen Hund hatte? Die wirklich wichtigen Fragen interessieren niemanden. Wir parken auf einem großen Parkplatz und steigen aus. Ein freundlicher Herr erzählt uns, natürlich in dieser unverständlichen Sprache, dass Hunde hier nicht erlaubt seien. Was soll denn das für ein Garten sein, in dem kein Hund lebt und mindestens eine Katze? Das ist eine Gärtnerei, aber kein Garten. Ich bin beleidigt, aber immerhin weist uns der Herr einen Parkplatz an, der im Schatten liegt. Da ich nun weiß, was mir blüht, nämlich mindestens eine Stunde Autoarrest, stelle ich mich bockig und mache auf dem mir angebotenen Spaziergang kein Häufchen. Ein Bach zum Baden wird gesucht und gefunden und ein netter Wanderweg entlang traumhafter Felder. Aber ich bin nicht gewillt, es meinen Zweibeinern so leicht zu machen. „Mach dein Häufchen, Wanda mach du fein dein Häufchen", ja Frauchen, red´ du nur. Nach dem Spaziergang werde ich ins Auto verfrachtet. Gut, ich bekomme Wasser, stehe im Schatten und die Fenster sind geöffnet – Leckerchen sind auch parat, aber trotzdem – so ein Verhalten ist nicht loyal.

Als meine Zweibeiner wiederkommen, gibt es Wasser und einen weiteren Spaziergang. Wir treffen eine nette Amerikanerin, die auf mich zugeht und um die Erlaubnis bittet, mich streicheln zu dürfen. Frauchen erlaubt es und erzählt einige wissenswerte Dinge über mich. Sie warnt die Dame auch noch, dass ich Küsse verteilen würde, aber das macht der anscheinend nichts, also biete ich ihr das volle Programm – mit Ohren säubern und gegen die Beine lehnen und grinsen. „She is such a cute girl", sagt die Dame – und dem ist nichts hinzuzufügen.

Wir fahren zurück, sitzen im Garten und danach macht Herrchen ein Feuer im Kamin. Ich liege ganz in der Nähe und mein Kopf wird so heiß, dass ich in ein anderes Zimmer auswandern muss. „Morgen machen wir ganz viele Sachen, die nur für dich sind", verspricht mir Frauchen, bevor wir schlafen gehen.

Ein Garten ohne Hund ist ein verlorener Garten. (Wandische Redensart)

Mittwoch, 27. September

Der Tag, der ja mein Tag sein sollte, fängt nicht gerade vielversprechend an. Naja, zuerst bekomme ich ein Stückchen Croissant, das ist schon mal gut, zwar immer noch ohne Butter, aber gut. Gegen viertel vor zehn kündigt Herrchen an, er habe um Punkt zehn Uhr eine wichtige Telefonkonferenz. Er dürfe auf keinen Fall durch Geräusche gestört werden. So weit, so gut. Wer konnte wissen, dass er Frauchen und mich meinte. Wir sollten solange im Garten verweilen. Geräusche mache ich höchst selten. Ich belle fast nie, ich rülpse nur nach dem Essen und ich renne auch nicht durch die Gegend. Also musste er Frauchen meinen. Aber ich muss mit in den Garten. Wir gehen hin und her, ich mache ein Häufchen und fange zehn Bällchen. Es vergeht fast eine Stunde, ehe wir wieder hinein können. Frauchen hat kalte Füße und Hände und ich bin es leid, ständig an der Kellertür zu kratzen.

Dann geht alles schnell. Ich bekomme mein Frühstück und schon geht es los. Wir fahren wieder fast zwei Stunden, bis wir das Meer erreichen. Ich fasse es nicht. Schon wieder das Meer. Aber nein, diesmal ist es der Atlantik, zuvor war es der Ärmelkanal. Meine Ansicht darüber ist bekannt, aber bitteschön, Atlantik, here I come!

Wir spielen mit einer grünen Plastikflasche, die durch den Wind immer wieder weggepustet wird, ein herrliches Spiel, an dem auch meine Zweibeiner mindestens so viel Freude haben wie ich. Frauchen sammelt viele Austernschalen und Muscheln und wir liegen faul in den Dünen. Gar nicht so schlecht. Auch an Wasser und Leckerchen hat man heute gedacht, nur Käsebrote und Kaffee werden von meinen Zweibeinern schmerzlich vermisst. Hier in Anneville-sur-Plage ist es wirklich einsam.

Auf der Rückfahrt halten wir schon wieder an einem Supermarkt. Frauchen will eine Hose kaufen, angeblich hat sie zu wenige davon eingepackt. Herrchen findet zwar, dass im Schrank genug Beinkleider hängen, aber wenn Frauchen etwas will, dann bekommt sie es meistens auch. Also sitze ich wieder im Auto und warte. Nun, gewiss fällt auch heute etwas vom Einkauf für mich ab.

Herrchen kocht Seewolf mit Kartoffeln, Zuckerschoten und Sauce. Es riecht herrlich, aber ich bekomme davon leider nichts. Nach dem Abendessen soll ich im Garten meine Geschäfte verrichten. Ich schnüffle ein wenig herum und habe gar keine Lust hier eine Toilette zu suchen. Na gut, ich mache wenigstes ein hübsches Bächlein, was Frauchen sehr erfreut. Plötzlich bellen die Wölfe und randalieren vor dem Tor zu unserem Garten, sie haben mich wohl gesehen. Gut, dass das Tor so hoch ist, dass sie nicht drüberspringen können. Frauchen nimmt mich am Halsband und führt mich wieder ins Haus. Sie befürchtet, dass ich die Nacht nicht durchhalte, ohne in den Garten zu gehen. Da

kennt sie aber das Fassungsvermögen meiner Blase und
meines Darms nicht.

Drei Dinge sind im Leben von immenser Bedeutung
und gleichzeitig schwer zu finden: eine bequeme Couch für
dich allein, ein schmackhaftes Mahl und ein adäquate Toilette. (Wandische Redensart)

Donnerstag, 28. September

Heute soll es in die Berge gehen, in die Normannische
Schweiz, die „Suisse Normande". Wahrscheinlich übertrei-
ben die Franzosen hier maßlos, denn wie ich gehört habe,
gibt es in der Schweiz Berge, die so hoch sind, dass immer
Schnee auf ihnen liegt. Gegen ein wenig von dem weißen
Zeugs hätte ich nichts einzuwenden, darin kann man prima
rumhüpfen und es schmeckt auch gut. Heute bekomme ich
kein Croissant zum Frühstück, dafür aber ein Stückchen
Camembert, eine normannische Spezialität, und danach ein
köstliches Mahl aus Trockenfutter, Nassfutter und Quark.

Es gibt Kurven ohne Ende in der Normannischen
Schweiz, soviel ist klar. Es geht auch immer wieder berauf
und bergab, aber es gibt keinen Schnee, wusste ich es doch!
Wir halten schließlich und steigen aus. Herrchen entdeckt
ein Schild, „Rundwanderweg, 4 Kilometer", liest er und
findet, dass dies genau die richtige Länge sei. Wir steigen
ein Stück bergan, halten aber direkt wieder an, weil Frauchen ein großes graues Tier entdeckt hat. „Oh, ein Esel,
schau Wanda, genau so einer wie du", ruft sie begeistert
und läuft zu der großen, eingezäunten Wiese, wo das Grau-
tier mit den Riesenohren wackelt und vor Staunen direkt
das Kauen vergisst. Über mich lacht sie immer, wenn ich,

80

von weitem, eine rehbraune Kuh für einen Hirsch halte, und nun das. Wir begrüßen ihn höflich und ich wedle mit dem Schwanz und beschnüffle seine riesige Nase. Dann ziehe ich mich diskret zurück, schließlich sind wir ja zum Wandern hier. Der Esel freut sich, endlich einmal etwas Gesellschaft zu haben und bringt mir sogar ein Stöckchen. Frauchen ist ganz aus dem Häuschen und Herrchen will die Szene fotografisch festhalten. Sie locken mich, damit ich noch einmal an die Eselnase gehe. Aber ich habe gar keine Lust. Erst als Frauchen mit der Leckerchentüte raschelt, trabe ich hinüber und der Esel und ich bekommen beide einen kleinen Leckerbissen. Doch das graue Tier spuckt die feine Belohnung wieder aus, der beste Beweis dafür, dass er kein Verwandter von mir ist.

Endlich geht es los. Wir kommen gut voran, bis eine Weggabelung auftaucht. Leider fehlt der Hinweis auf den Rundwanderweg. „Links", findet Frauchen, „rechts", meint Herrchen. So gehen wir rechts und landen bald auf einer Landstraße, denn der Waldweg, den wir schwitzend heraufgestiegen sind, endet rasch. Beidseits der Straße begleiten uns Felder und Weiden, Kühe beäugen uns neugierig und ab und an passieren wir einen alten Hof oder eine Ansammlung von Häusern. Neben einem Haus bellt es plötzlich ganz laut und ein großer, heller Hund schießt hervor. Doch er wird unsanft durch die Kette gebremst, an die er gefesselt ist. „So etwas ist ja unglaublich, dass es das noch geben darf", schimpft Frauchen. Ich bin froh, dass ich nicht an einer solchen Kette sein muss, und ich weiß auch gar nicht, wozu es so etwas geben muss. An seiner Kette kann der arme Kerl ja nichts ausrichten, nicht mal uns könnte er beißen, wenn wir in das Haus einbrechen würden. Zuhause scheint zumindest niemand zu sein, denn die Klappläden sind verschlossen. Wir brauchen eineinhalb Stunden, bis wir endlich wieder am Ausgangspunkt der Wanderung sind. „Das nächste Mal hören wir gleich auf Frauchen", sagt Frauchen und ich stimme ihr zu, beim nächsten Mal gehen wir links.

Als wir zurückkommen sind die Wölfe los. Sie werden rasch weggesperrt, nur zwei Rüden bleiben draußen. Sie schnuppern an mir und wollen von den Zweibeinern gekrault werden. Sie sind gigantisch groß und flößen mir ein wenig Angst ein, ich mache mich ganz klein und ziehe meinen Schwanz ein bis zum Kinn. Frauchen schickt mich schnell ins Haus. Meine Menschen bleiben noch etwas bei den Grauen und kraulen ihnen die Ohren. Wenn sie nur zu zweit sind, sind sie sehr umgänglich.

Den Nachmittag verbringen wir im Garten. Die Zweibeiner essen Knäckebrot mit Butter und Schokocreme und ich bekomme ein Stück ohne Aufstrich. Herrchen fällt ein Stück hinunter und er wirft es in ein Blumenbeet. Nach einiger Zeit werde ich in den Schlosspark geführt und dort fange ich Bällchen, bade im Teich und soll unbedingt ein Häufchen machen. Das scheint so eine Art neue Macke von Frauchen zu sein, ständig soll ich mich entleeren, obwohl ich gar nicht muss. Wir gehen zurück in den Garten, denn Frauchen hat ein unangenehmes Gefühl im Park, sie hat Angst, dass die Hunde plötzlich doch irgendwie herauskommen und mich attackieren. Es wird noch ein wenig durch den Garten geschlendert und ich erinnere mich an das Schokoknäckebrot, das einsam im Blumenbeet liegt. Aufgeregt schnüffle ich, Frauchen hält das für ein untrügliches Zeichen, dass nun endlich mein Häufchen folgt, aber ich fische geschickt das Brot heraus und verschwinde damit. Genüsslich verspeise ich es. „Na so war das nicht gedacht", schimpft Frauchen, „aber wenn du jetzt kein Häufchen machst, musst du eben aushalten, bis wir wieder zurück sind." Ich spurte eilig hinter den beiden her ins Haus und lege mich, unschuldig blickend, auf die Couch. Frauchen und Herrchen ziehen sich um und Frauchen sprüht sich mit stinkendem Zeug ein, malt dunkle Farbe um ihre Augen und rote auf den Mund. Da stimmt doch etwas nicht. Ich bekomme mein Essen und lege mich wieder auf die Couch und warte ab, was geschieht. „Puh, hier stinkt es ja bestialisch, das kommt bestimmt von dem Camembert oder dem Knäckebrot", ruft Frauchen, als sie ins Wohnzimmer kommt. Dazu kann ich nur sagen, was raus muss, muss raus. Ich bekomme ein Stück Kauknochen und werde auf meinen Liegeplatz in der Küche manövriert. „Pass fein auf, ich bin gleich wieder da." Diesen Satz kenne ich, er wird mir immer gesagt, wenn ich allein bleiben muss. Aber hier kenne ich mich gar nicht aus, die können mich doch nicht hier einsam und allein zurücklassen, ich fasse es nicht, sie gehen wirklich weg. Immerhin haben sie mir Licht angelassen. Ich schaue aus dem Fenster und sehe, dass sie ins Schloss gehen. Von dort riecht es verräterisch nach leckerem Essen. Hundeverbot! Es ist diskriminierend!

Spät kommen die beiden zurück, guter Laune, und nach Zigarettenqualm riechend. Unter diesem Gestank erschnuppere ich Fisch, Kartoffeln und Sauce. Ich bin zwar enttäuscht, aber so froh, dass sie wieder da sind, dass ich mich ganz doll freue und dann meinen Kauknochen hole und ihn auf der Stelle aufknabbere. Sie hatten nette, interessante Tischnachbarn und man hat sich nach dem leckeren Essen noch ins Herrenzimmer zurückgezogen und getrunken, geraucht und geplaudert.

Glück ist, unverhofft ein Schokoladencremebrot zu finden und schnell genug zu sein, um es zu verspeisen. (Wandische Redensart)

Freitag, 29. September

„Jetzt ist der Urlaub schon bald vorbei", klagen meine Zweibeiner. Ich finde das gar nicht besonders schade. Eine Reise ist zwar interessant, man lernt andere Kulturen und Käsesorten kennen, aber daheim ist es eben doch am schönsten.

Wir fahren noch einmal ans Meer, nach Honfleur. Was nun folgt, ist eigentlich belanglos. Der Strand ist breit und es gibt viele Muscheln und Steine, an denen ich schnuppern kann. Ich mache ein Häufchen, dass den Namen Haufen verdient, schließlich habe ich ja seit gestern gesammelt und Frauchen flucht beim Einsammeln, weil sie kaum alles in einen ihrer Sammelbeutel mit der Aufschrift „I love my dog" bekommt. Frauchen sammelt dann auch noch so interessante Dinge wie Muscheln, sie scheint eine Sammlerin zu sein, und wirft ein paar Mal mein Quietschei und ich renne über den Sand. Nach einiger Zeit gehen wir zurück und der Strand wird sichtbar schmaler. Frauchen hat ihre Schuhe ausgezogen und stakselt durch den Sand, um die Muscheln und Steine herum so gut es geht. Doch nicht immer kann sie ihnen ausweichen und flucht dann immer leise vor sich hin. Am Auto angelangt, gibt es Kaffee und Käsebrote. Bald danach fahren wir zurück, denn es beginnt zu regnen. Eigentlich wollten wir noch durch den Ort schlendern, aber stattdessen wird nun im Ferienhaus gefaulenzt.

Herrchen kocht Lachs mit Spaghetti und Pinienkernen und weil es so viel Fisch ist, bekomme ich noch einen guten Teil davon. Danach mache ich ganz artig meine Geschäfte im Garten und wir verschwinden auch schnell wieder ins Haus, weil die wilden Wölfe mich schon wieder entdeckt haben und bellen und hüpfen. Mir soll es Recht sein, mein Bauch ist voll, Darm und Blase leer. Ich lege mich auf die Couch. Die Zweibeiner sitzen wieder einmal am Kamin und trinken Rotwein. Ich meide die Küche wenn das Feuer brennt, denn ich hasse zu große Hitze. Ich träume von einem Hasen, der nur für mich über eines der vielen Felder rennt. Frauchen hatte mir vor der Reise versprochen, dass es im Schloss ein Privatcoursing gebe. Leider wird die Hasenzugmaschine zurzeit bei einem offiziellen Coursing gebraucht. Schade. Ich liebe das Rennen mit dem Häschen.

Lieber ein Fisch auf dem Tisch als ein Hase vor der Nase. (Wandische Redensart)

Samstag, 30. September

Wir frühstücken wieder Croissants und fahren in die Normannische Schweiz zum Wandern. Diesmal sucht Frauchen den Wanderweg aus und er ist wirklich nett. Es geht bergauf und bergab und es gibt sogar einen Fluss, in dem ich baden gehen kann. Ich schwimme nicht wirklich, aber immerhin gehe ich bis zum Bauch ins Wasser und kühle meine warmen Beine. Ich treffe diesmal keinen Esel, aber eine schwarze Katze, die sogleich Reißaus nimmt, als sie mich sieht. Nachlaufen darf ich nicht, schade, so ein kleines Spiel bringt doch erst Abwechslung in den Hundealltag.

Gegen Mittag sind wir wieder im Ferienhaus. Die Sonne hält sich hartnäckig hinter dicken Regenwolken verborgen und so liegen wir faul auf der Couch herum. Ich schnarche mit Herrchen um die Wette und Frauchen liest ein Buch. Es passiert nicht wirklich viel an diesem letzten Urlaubstag. Morgen werden wir wieder zurückfahren und allen Freunden von unserem Urlaub erzählen und mit ihnen Fotos ansehen. Wer eine Reise macht, der kann sich vorher darauf freuen, sie dann genießen und sich hinterher daran erinnern, das ist gleich dreimal Freude für einen Preis.

Ach ja, vielleicht ist es noch erwähnenswert, dass Herrchen Spaghetti mit Steinpilzsauce zubereitet und ich eine Portion Nudeln als Zugabe zu meinem Futter erhalte. Natürlich hätte ich auch gern die Sauce probiert, nur um zu wissen, ob er wirklich so gut kochen kann, wie er und Frauchen immer wieder behaupten. Aber ich darf keine Sahnesauce essen, denn die macht angeblich dick. Nicht, dass ich ein Figurproblem hätte, das Problem haben die anderen, ich nicht.

Nach der Reise ist vor der Reise. (Wandische Redensart)